La Ceramica a Tenda

Diffusione e centri di produzione

E. Fabbricotti e G. Martella

BAR International Series 1008

2001

Published in 2019 by
BAR Publishing, Oxford

BAR International Series 1008

La Ceramica a Tenda

ISBN 9781841711997 paperback
ISBN 9781407323893 e-book

DOI https://doi.org/10.30861/9781841711997

A catalogue record for this book is available from the British Library

This book is available at www.barpublishing.com

BAR Publishing is the trading name of British Archaeological Reports (Oxford) Ltd.
British Archaeological Reports was first incorporated in 1974 to publish the BAR
Series, International and British. In 1992 Hadrian Books Ltd became part of the BAR
group. This volume was originally published by John and Erica Hedges in conjunction
with British Archaeological Reports (Oxford) Ltd / Hadrian Books Ltd, the Series
principal publisher, in 2001. This present volume is published by BAR Publishing,
2019.

BAR
PUBLISHING

BAR titles are available from:

BAR Publishing
122 Banbury Rd, Oxford, OX2 7BP, UK
EMAIL   info@barpublishing.com
PHONE   +44 (0)1865 310431
FAX   +44 (0)1865 316916
www.barpublishing.com

Premessa

Questo lavoro è iniziato più di venti anni fa, quando per gentile concessione dell'allora Soprintendente della Basilicata, dr. Dinu Adamesteanu e dell'allora Ispettrice dr.ssa Giuliana Tocco (oggi Soprintendente a Salerno) avevo potuto condurre un'équipe di laureandi e studenti dell'Università di Roma a scavare a Ruoti e a Tolve e ad avere degli argomenti inediti per le loro tesi .

Nel 1976 ho ottenuto dalla fondazione Ellen McNamara una borsa di studio per la catalogazione della "ceramica a tenda", che, dopo il lavoro di Juliette de La Genière a Sala Consilina, aveva acceso la mia curiosità. Infatti nel magazzino della Soprintendenza Archeologica di Potenza, molti gruppi di materiali specie provenienti da tombe contenevano "ceramica a tenda" e le località erano diverse e anche non tanto vicine tra di loro, indice di una diffusione capillare o di una moda comune agli abitati (e necropoli) indigeni a partire dalla seconda Età del Ferro.

Dopo un rapporto preliminare inviato alla fondazione McNamara, avevo continuato ad interessarmi all'argomento e ad accumulare materiale, ma avendo ottenuto l'incarico di insegnamento di Archeologia e Storia dell'Arte greco-romana all'Università di Chieti, abbandonando l'assistentato a Roma e mantenendo solo la mia partecipazione assidua alla Missione Archeologica Italiana in Cirenaica diretta dal compianto Prof.Sandro Stucchi, il mio campo di ricerca si era inevitabilmente spostato in Abruzzo, quindi disertando, seppure a malincuore, l'Italia Meridionale e "la ceramica a tenda" che ho continuato a seguire solo dal punto di vista bibliografico. Ma l'interesse e il rimorso di non aver ottemperato all'impegno preso con la dott.ssa Ellen McNamara non si erano cancellati e, quando ho capito che le mie speranze di portare a termine il lavoro iniziato si affievolivano per i miei pesanti impegni in Cirenaica e in Abruzzo, piuttosto che rimandare ulteriormente come ero stato tentata, al momento ormai vicino del pensionamento, ho passato tutto i miei appunti, disegni e fotografie alla dott.ssa Gina Martella laureatasi a Chieti nella mia materia e diplomata presso la Scuola Nazionale di Archeologia a Roma, che, con molto entusiasmo, ha sistemato il materiale raccolto, ne ha aggiunto di nuovo e ha portato a termine questa ricerca ormai tanto invecchiata. "Portato a termine" non è forse una giusta definizione, perchè rimangono aperti problemi fondamentali, ma almeno ha classificato per forme e per provenienza tutto il materiale finora pubblicato e ha posto le basi per una ricerca futura che potrà essere conseguita e con l'aggiunta di pezzi nuovi che sappiamo esistere, ma sono ancora inediti, e, come speriamo, con la scoperta di quel "gap" ancora mancante per la determinazione della vera origine della "ceramica a tenda".

Nella prima Età del Ferro in Lucania, Calabria e la zona del Salernitano c'è una notevole diversità culturale tra le zone costiere (Capodifiume, Pontecagnano, ecc.) e le zone interne (Pertosa, Sala Consilina, ecc.). A poco a poco (II fase) si notano cambiamenti e una maggiore affinità culturale; le varie zone mostrano corredi tombali simili. Sembra che ciò non sia avvenuto bruscamente, ma pacificamente e con un'evoluzione naturale. Il rito di sepoltura è ovunque l'inumazione, spesso in posizione rannicchiata e senza un preciso orientamento.

Nello stesso periodo un altro elemento comune è la diffusione della "ceramica a tenda" con piccole differenziazioni locali nell'argilla, forme e decorazione. Questo tipo ceramico aveva fatto l'apparizione già alla fine della fase precedente in forme note in impasto.

Certo è che la società si evolve ampiamente tra la prima e la seconda fase e l'economia di tipo unicamente agricolo che distingueva il primo periodo ed era "chiusa", muta velocemente con l'apparire del commercio in maniera dinamica.

La Basilicata, oggi relativamente isolata, era in antichità un punto di incrocio che la metteva in comunicazione tramite le sue vie naturali con il mare Adriatico, il mare Ionio e il mare Tirreno. Le sue vie fluviali (del Bradano, del Basento, del Cavone e dell'Agri)

2

potevano trasversalmente incrociare il fiume Sele e quindi giungere al Mar Tirreno e il fiume Ofanto comunicando con l'Adriatico. Perciò la Basilicata o meglio la Lucania non era una regione retrograda, era densamente popolata e la produzione della "ceramica a tenda" e la sua diffusione sono il segno del grado elevato degli scambi commerciali e del tenore di vita.

La produzione di Sala Consilina è quella meglio nota per gli studi della de La Genière e del Kilian. E' la località del Vallo di Diano situata al confine tra il Salernitano e la Lucania; nel IX sec.a.C. i Villanoviani vi si stabilirono, probabilmente alla ricerca di terra e di zone di mercato e l'area era proprio adatta: era fertile ed aperta a contatti . Anche qui dall'economia agricola statica si passa ad un economia dinamica di commercio. La ceramica a tenda che qui si distingue in "grossolana" e "accurata" sembra essere di produzione locale la prima, riprendendo le forme dal repertorio in impasto e probabilmente di produzione in centri vicini al Bradano e al Basento la seconda (secondo l'autorevole opinione della de La Genière).

La "ceramica a tenda" si trova in moltissimi centri della Lucania e in area pugliese, calabrese, salernitana, oltre che in minima parte anche nel Lazio e in Etruria.

La decorazione, pur con varianti, ricopre solo la parte superiore del corpo e sottolinea le diverse parti del vaso. Questa usanza si riscontra anche altrove, ad es. a Eutresis in Beozia (H. Goldman, Excavations at Eutresis in Boeotia 1931, Oxford university Press 1931, p. 158, fig. 220, 2) e a Zygouries (C. W. Blegen, Zygouries: a preistoric settlement in the Valley of Cleonae, Cambridge 1928, p. 130, fig. 124). Triangoli concentrici dipinti sono tipici anche di siti non italiani, ad es. Itaca, Samos, Delos, Argos ed altri, mentre triangoli concentrici incisi in vasi di impasto o dipinti sono presenti nella ceramica sub-micenea (K. Kuebler, Ausgrabungen in Kerameikos I, 1938, inv. nn. 490 e 512). Triangoli incisi in contenitori d'impasto si trovano anche in Italia e nelle zone dove poi si diffonde "la ceramica a tenda" dipinta (ad es. a Cancellara e a Serra di Vaglio) dando adito ad una delle teorie della sua origine.

Proprio a Cancellara, a Serra di Vaglio e anche a Pietragalla, i frammenti rinvenuti non solo sembrano della stessa argilla, ma anche uguale a quella di vasi più tardi, del VI e V sec.a.C., quindi in quella zona vi era una fabbrica di ceramica a tenda che è più antica di quella trovata nella fornace di Cammarella che pur la produceva. Questa osservazione non si basa solo sul materiale pubblicato, ma sulla visione autoptica dei frammenti conservati nel Magazzino della Soprintendenza di Potenza, che oggi non posso altrimenti documentare se non su miei appunti.

E' il disegno della tenda quello che ha colpito gli artigiani lucani, forse desumendolo da quelli della Puglia e facendolo diventare il motivo dominante. Il fatto che ci siano varianti ed aggiunte dimostra solo il favore goduto al momento del suo uso.

Resta insoluto il problema dell'origine, di chi ha per primo ha prodotto questo tipo ceramico dall'argilla così ben depurata e lavorata a tornio. E' il problema a cui tutti vorremmo dare una soluzione e credo che a tutti piacerebbe dimostrare che l'influenza maggiore è quella sub-micenea, ma pur avendo trovato esemplari simili anche nel Peloponneso (ad es. in un frammento esposto nel Museo di Tegea), un aggancio diretto non c'è, neanche a Borgo Nuovo (Taranto), la cui ceramica geometrica è stata alle volte indicata come la matrice della "ceramica a tenda". Tra l'altro non posso dimenticare che, quando mostrai le fotografie e i disegni dei pezzi da me schedati tanti anni fa al prof.Coldstream, egli la osservò con un certo riserbo, dicendomi però: " questa non è certamente greca!" Ma che la "ceramica a tenda" non sia greca , è ovvio, ma che il suo motivo principale sia desunto dall'area greca, è molto probabile, anche se la sintassi decorativa e le forme sono lucane. In questo consiste la creatività dell'artigiano indigeno.

Certo a Satyrion oltre che a Torre Castelluccia e Porto Perone (nella zona tarantina) vi erano vasi importati nel Miceneo IIIB. Il Taylour poi ritiene che i frammenti micenei dello Scoglio del Tonno siano eseguiti localmente a partire dal Miceneo III C e in questo caso i vasi geometrici che li seguirono influenzati dalla tradizione micenea sarebbero la produzione subito posteriore.
Così anche a Satyrion: ai frammenti micenei del III C 2 segue materiale protogeometrico (X sec.a.C.) di argilla depurata che si trova anche altrove nel Tarantino. Nello strato superiore, vi è quel tipo di ceramica geometrica japigia detta di "Borgo Nuovo" influenzata anche da ateliers egei (Lo Porto Not. Sc. 1964, p. 212) e la cui diffusione arriva a toccare le zone interne della Lucania. La ceramica a tenda viene subito dopo quella tarantina.

4

La soluzione è convincente, ma semplicistica e dà ancora adito a numerosi dubbi.

Perciò questo studio non offre alcun contributo a questo quesito, ma solo una completa documentazione del materiale pubblicato, delle sue tipologie e della sua diffusione. Ricerche future forse faranno maggior luce ed è questo che ci auguriamo.

Ringrazio prima di tutto la dott.ssa Ellen McNamara per avermi accolto da giovane tra i suoi borsisti e per aver avuto l'infinita pazienza di attendere un esito se pur parziale della mia ricerca e sono anche molto grata alla dott.ssa Gina Martella per aver concluso, lavorandoci per più di un anno, questo onere che pesava sulla mia coscienza.
Sono molto grata al Sig. Sansone, figlio del noto farmacista di Mattinata sul Gargano, che ha collaborato in scavi di molti archeologi del passato (Bartoccini, Ferri, Dittatore von Willer) ed ha raccolto molti notevoli reperti in una collezione prestigiosa che per suo volere è ancora oggi conservata in parte nella farmacia di Mattinata, in parte in un magazzino vicino. Il Sig.Sansone ha accolto benevolmente molti miei laureandi della provincia di Foggia ed ha offerto spunti e materiali per le loro tesi ed ha permesso a me, durante una mia visita nel 2000, di fotografare e pubblicare la ceramica a tenda che poi la dottoressa martella ha inserito nella sua catalogazione

Emanuela Fabbricotti

Inquadramento geografico dei rinvenimenti nel Sud Italia

La ceramica a tenda sembra diffusa in particolare in Basilicata, Campania e Puglia, regioni nelle quali innumerevoli sono i rinvenimenti sia in contesti tombali che negli abitati (Tav. II). E' comunque necessario specificare che questo tipo di ceramica nasce e si sviluppa in Basilicata e che nelle altre regioni viene esportata, per questo motivo si analizzerà in particolare la situazione di questa regione durante l'età del Ferro e in seguito quella delle altre che recepiscono questa espressione culturale di riflesso (Tav. I). Per quel che riguarda le presenze, appare chiaro che gli abitati sono in numero minore rispetto alle necropoli e il dato che emerge da questo assunto è che non sempre è possibile riferire gli abitati esistenti alle necropoli corrispondenti e viceversa. In buona parte lo squilibrio è da ascrivere al fatto che le indagini in ambito necropolare sono sistematiche mentre per i centri abitati la continuità di vita spesso permette solo interventi parziali.

Le località prese in esame e che hanno restituito ceramica con decoro a tenda sono: Chiaromonte – necropoli di Serrone e S. Pasquale, S. Maria D'Anglona, Alianello, Craco, Pisticci, Ferrandina, Garaguso, Incoronata di Metaponto, Cozzo Presepe, Timmari, Matera, Montescaglioso, Irsina, Monte Irsi, Serra di Vaglio, Cancellara (Serra del Carpine), Satyrion, Lavello, Toppo Daguzzo, Pontecagnano, Capodifiume, Sala Consilina, Madonna del Granaro, S. Marzano sul Sarno, Taranto, Gioia del Colle, Altamura, Salapia, Otranto, Termitito, Gravina, Monte Saraceno, Ordona, Francavilla Marittima, Castrovillari, Torre Mordillo, Amendolara, Capena, Tarquinia, Vulci (Tavv. I-II)[1]. Il lavoro prende in esame solo il materiale già edito, non essendo stato possibile l'esame autoptico dei reperti di recente acquisizione o conservati nei magazzini di Soprintendenze e Musei. Per l'identificazione dei siti che hanno restituito ceramica a tenda il criterio seguito sarà quello di citare gli stessi passando in esame le valli fluviali da quella del Sinni, a quella dell'Agri, del Cavone, del Basento, del Bradano. Alle

- [1]*n questa sede porgo i miei più sentiti ringraziamenti alla Prof. ssa E. Fabbricotti che mi ha onorata della sua fiducia quando ero da poco laureata affidandomi questo suo lavoro che ho portato avanti con amore ed entusiasmo fino alla stesura finale. Con lei ringrazio quanti mi hanno aiutata a vario titolo ed incoraggiata nelle lunghe fasi del lavoro.*

[1] L'elenco riportato rispecchia l'ordine nel quale le località verranno esaminate tenendo conto delle valli fluviali a cui appartengono. Le descrizioni dei vasi non sono sempre precise e puntuali poiché le informazioni riportate sono quelle pubblicate negli anni e non tutti gli oggetti sono stati visionati.

località citate nell'elenco che si trovano al di fuori della Basilicata verrà dedicato un capitolo a parte.

Senza dubbio è possibile affermare che questo tipo di ceramica era di uso comune e non doveva rappresentare un genere di vasellame di lusso se la troviamo, ad esempio, negli scarichi degli abitati sia indigeno che greco all'Incoronata di Metaponto, località situata nel retroterra della costa della Basilicata. E' proprio in questa area a ridosso della costa che si identifica la culla di tale tipologia ceramica se si considera che Chiaromonte produce in argilla figulina non tornita già nel IX sec. a. C. brocche, decorate sul collo e sulla spalla con motivi geometrici in bruno, riproducenti la forma biconica dell'impasto; in questi motivi è forse possibile ravvisare il primo esempio di decorazione a tenda costituito da una serie di angoli iscritti l'uno dentro l'altro. Tale tipologia vascolare sembra tipica delle valli dei fiumi Bradano, Basento, Agri, Sinni e Cavone ed è stata rinvenuta sia a Chiaromonte nelle necropoli di S. Pasquale e Serrone sia nella tomba n. 4 di Masseria Zagarella lungo il fiume Bradano e questo dato potrebbe indicare la nascita di un artigianato locale diretto verso la specializzazione nella produzione ceramica[2]. Sembra particolare il fenomeno che si sviluppa in questa area, dal momento che tra la fine del IX e l'inizio dell'VIII sec. a. C. gli abitati occupavano località poste su alture e non lontane da corsi d'acqua per consentire un buon approvvigionamento idrico, mentre questi insediamenti solitamente occupano una zona pianeggiante nell'immediato entroterra della costa ionica; proprio in questa fascia prospiciente la costa si può individuare l'origine della cultura dell'età del ferro in Basilicata.

Delle necropoli citate, la più antica è quella di S. Pasquale il cui ambito cronologico copre un arco di tempo che dal IX arriva agli inizi dell'VIII sec. a.C.. Nei corredi della fase più antica non compare la ceramica ma vi sono solo oggetti in bronzo, tranne che in due tombe[3]. Tipologicamente i corredi denotano un parallelismo formale con la cultura sviluppatasi in Calabria lungo la costa ionica soprattutto per quel che riguarda la ricchezza degli stessi che, comunque, ci aprono uno spiraglio per comprendere il tipo di economia esistente in questa zona, basato sull'agricoltura e sul commercio dei prodotti da essa ricavati. Nei corredi tombali c'è uniformità e questo dato ci porta a ritenere che non vi fosse, quindi, una differenziazione sociale, cosa che, invece, apparirà piuttosto chiara nella fase successiva. Un primo cambiamento lo si può riscontrare nella necropoli

---

[2] G. Tocco, *La Basilicata nell'età del ferro*, Atti della XX Riunione Scientifica dell'Istituto Italiano di Preistoria e Protostoria, 1978, p. 96.
[3] Eadem 1978, p. 90.

di S. Teodoro che, cronologicamente, copre un periodo più ampio giungendo fino alla seconda metà dell'VIII sec. a. C.. Qui per le sepolture più antiche si evidenzia lo stesso fenomeno di mancanza di ceramica e preponderanza di oggetti in bronzo, anche se in un numero di esemplari minore rispetto a S. Pasquale. La differenza consiste nel fatto che la ceramica viene introdotta presto nelle forme tipiche della cultura villanoviana delle tombe a fossa e quella del motivo primitivo a tenda, in particolare.

Sempre a Chiaromonte, ma in località Serrone, è stata rinvenuta una necropoli cronologicamente successiva a quella di S. Pasquale che forse è relativa allo stesso stanziamento ed anche qui compare lo stesso tipo di corredo con predominanza di oggetti in bronzo ma associati a ceramica d'impasto, in un primo momento, e figulina in seguito, e con l'introduzione di oggetti di importazione come i vaghi in ambra e pasta vitrea; siamo già nell'VIII sec. a.C. e gli scambi commerciali si fanno più frequenti e, soprattutto, si aprono nuovi mercati ed anche rapporti culturali. Quest'ultima circostanza è un elemento in più a supporto dell'ipotesi che già in questo periodo assistiamo ad un cambiamento nell'economia di questa zona, cambiamento che si può riscontrare anche nell'introduzione di nuove forme ceramiche che si aggiungono allo scodellone monoansato ed alla brocca che, tipologicamente, si rifanno a quelle di derivazione villanoviana. Si può immaginare che l'abbondanza e la varietà delle forme obbediscano ad una esigenza sempre legata all'agricoltura di costituire una sorta di artigianato che le sia di supporto. In questo momento il decoro a tenda compare sulla spalla delle brocche e degli attingitoi di cui si è già detto[4]. Per quel che riguarda la differenziazione sociale, si assiste ora alla scissione fra i due sessi in relazione al proprio ruolo all'interno della comunità; le tombe femminili sono più ricche di quelle maschili, queste ultime molto più essenziali, e nei corredi compaiono le tipologie di oggetti di uso quotidiano come attrezzi per la tessitura per le donne ed armi per gli uomini.

Dalla valle del Sinni ci spostiamo in quella dell'Agri nella quale è documentata, in particolare, la seconda fase dell'età del ferro nel sito di S. Maria D'Anglona, situato nell'immediato entroterra della costa ionica dalla quale dista circa 15 Km. Questo sito presenta una continuità di vita dall'età del bronzo, documentata anche da un abitato di cui restano tracce nelle buche di pali delle capanne datato intorno al 1250 a. C.. Ma è

---

[4] Eadem 1978, p. 100.

8

nelle tombe che troviamo maggiori notizie utili per la comprensione del suo sviluppo. In effetti, anche in questo sito sono state rinvenute tombe che appartengono alla prima fase dell'età del ferro e la tipologia dei corredi richiama quelli dell'area di Chiaromonte di cui si è detto, con i corpi deposti in posizione rannicchiata per i quali non è possibile distinguere quelli maschili da quelli femminili in base ai corredi, con molti materiali in metallo (anche in oro ed argento) e scarsa ceramica, comprendente anche esemplari con decoro a tenda[5].

La seconda fase dell'età del ferro, viene divisa dal Malnati in due momenti denominati A e B corrispondenti alla datazione data da J. de La Genière per le fasi di Sala Consilina II A-B e Sala Consilina III A[6]. Il primo momento, presenta una percentuale minore di materiale d'impasto rispetto all'abbondanza di ceramica di buon livello, per lo più depurata. Le forme sono quelle tipiche del periodo e della zona: brocchette monoansate, brocche con orlo espanso e ansa a nastro, scodella monoansata, olla biconica. E' importante che in questo contesto compaia una coppa imitante nella forma e nell'impasto quelle greche tardogeometriche, segno dell'esistenza di rapporti pre - coloniali con il mondo greco[7]. Per quanto riguarda i motivi decorativi, il motivo a tenda è quello preferito anche se non manca anche ceramica geometrica enotrio – iapigia. Le armi sono tutte in ferro come, d'altronde, a Chiaromonte Serrone ed anche a Sala Consilina, mentre gli ornamenti personali, fibule comprese, sono in bronzo. In queste tombe sono presenti anche vaghi di collana in ambra ed in *fayence*, testimonianza di un mondo in apertura commerciale verso altre culture. Questa fase, insomma, trova molte assonanze con le necropoli di S. Teodoro (tomba 117), Ferrandina (tomba 6) e S. Leonardo di Pisticci, anche se non mancano influssi dalle aree calabrese ed apula[8]. Nella fase B, che ormai scende nel VII sec. a. C., le importazioni di ceramica greca diventano più numerose e danno vita a forme e decori nuovi che nascono dalla commistione delle due civiltà; nelle decorazioni compare la policromia nei colori rosso e nero; è documentata inoltre l'introduzione di un tipo di fibula in ferro. Il Malnati considera la fase B come risultante dei complessi rapporti instauratisi tra gli indigeni e le colonie greche a loro volta collegati alla situazione creatasi in tutta la realtà indigena

---

[5] L. Malnati, *Tombe arcaiche di S. Maria D'Anglona*, Quaderni di ACME, 4, Milano 1984, p. 82, con bibliografia precedente.
[6] Idem 1984, p. 83; de La Genière 1968, pp. 123-124.
[7] Malnati 1984, p. 84.
[8] Idem 1984, p. 88.

prima della colonizzazione e la situazione sembra simile per tutto il materano[9]. Bisogna sottolineare che in questa necropoli di S. Maria D'Anglona, precisamente nella tomba 3, è stato rinvenuto, posto ai piedi del defunto, l'ormai famoso cratere con il motivo della tenda elegante caratterizzato dalla presenza di riempitivi costituiti da figure umane stilizzate con corpo a clessidra, raffigurate nell'atteggiamento dell'orante (Tav. III, fig. 1)[10]. Si tratta di un'olla biansata con bocca svasata ed orlo estroflesso, con collo troncoconico unito alla spalla, corpo emisferico e basso piede; le anse sono a nastro, verticali e da metà collo si collegano alla spalla. La caratteristica di questa olla è la decorazione che presenta due motivi a tenda nel settore inferiore delle due facce del vaso separate da un uccello palustre che compare anche sulle anse; ai lati due motivi a tenda, inoltre, si trovano tra altrettanti riempitivi ad M, mentre nel settore superiore tra due gruppi di linee parallele ad L sono raffigurate quattro figure umane stilizzate con corpo a clessidra, testa triangolare, braccia aperte ad angolo, grandi mani e gambe ad L. Di queste figure una è più piccola e potrebbe sia rappresentare un bambino sia un personaggio in prospettiva. Sull'altra faccia del vaso, invece, le figure sono solo due.

Quali altri esempi di vasi con decoro a tenda provenienti da S. Maria D'Anglona, si presentano una scodella monoansata ad orlo estroflesso con corpo biconico e ansa a bastoncello impostata sulla spalla, che presenta il motivo della tenda elegante (Tav. III, fig. 3) e una brocchetta monoansata con labbro estroflesso, corpo globulare, basso piede a disco e ansa a nastro verticale dall'orlo alla spalla. Il motivo della tenda non è elegante ma rientra nella categoria dei motivi a tenda con triangolo interno vuoto (Tav. III, fig. 2).

Poco a sud – est di S. Maria D'Anglona, in località Valle Sorigliano nel territorio di Tursi, è stata rinvenuta una necropoli composta da 169 tombe che, insieme ad altre necropoli adiacenti che sono state individuate ma non sono state del tutto esplorate, testimoniano la presenza di un insediamento durante la prima parte dell'età del ferro. Come per le altre necropoli di cui si è già detto, il rito utilizzato è quello dell'inumazione e il defunto era deposto in posizione rannicchiata su un fianco, non sulla nuda terra ma su un acciottolato sul quale erano deposti anche gli oggetti componenti il corredo che erano ben distinti tra femminili e maschili e piuttosto ricchi per quel che riguarda le tombe di alcuni personaggi che sembrano primeggiare su altri,

---

[9] Idem, 1984, pp. 91-95.

forse capi guerrieri con le loro donne. In questi corredi la ceramica è scarsa e le forme sono quelle tipiche già incontrate: l'olla biconica con la decorazione a tenda, la brocca e la ciotola. Questa necropoli testimonia l'individuazione all'interno del gruppo di famiglie egemoni. Vi è anche una prima forma di suddivisione del lavoro tra coloro che lavorano i metalli e coloro che producono ceramica sempre in relazione all'attività principale che rimane l'agricoltura[11].

Un centro che non è stato ancora indagato a fondo, ma che ha restituito un'olla biconica con decoro a tenda molto simile al tipo a tenda elegante, datata alla fine dell'VIII sec. a. C., è Alianello. Il sito è nella valle dell'Agri e i rinvenimenti riguardano particolarmente il periodo della colonizzazione greca, quindi a partire dal VII secolo a. C.. Nella fase finale dell'età del ferro si assiste, anche per la sua vicinanza a Siris, alla trasformazione del sito che assume connotazioni simili a quelle delle colonie greche. Alla fine del VI sec. a. C. l'abitato indigeno diviene a tutti gli effetti un centro greco[12].

Tra le valli dell'Agri e del Cavone, vi è la località di Craco, in cui è stata rinvenuta una necropoli di VIII sec. a. C. con tombe a tumulo in due delle quali erano presenti due vasi con la decorazione a tenda. Dalla tomba 1 proviene una grande tazza monoansata con orlo obliquo, corpo troncoconico, spalla arrotondata. La decorazione, composta da un motivo a tenda elegante, è di colore bruno e si trova sulla spalla (Tav. IV, fig. 1). Oltre a questo oggetto del corredo restano: una lama di rasoio in bronzo, un frammento di punta di lancia in ferro con parte del cordolo, un frammento di manico in ferro a grossa lamina ripiegata ad arco, un coltello in ferro con parte della lama e del manico ad aletta, un punteruolo in ferro a corpo appuntito all'estremità superiore, una lama di coltello in ferro, un cordolo di coltello in ferro, una immanicatura di coltello in ferro, due frammenti di lamina in ferro. La seconda tomba è la numero 6 ed il corredo è composto da: un vaso biansato con beccuccio doppio decorato con motivi geometrici sulla spalla, una brocchetta monoansata con labbro espanso, corpo biconico e ansa a nastro; il motivo a tenda di colore bruno compare sulla spalla (Tav. IV, fig. 2). Del corredo, inoltre, faceva parte una spada in ferro con la lama terminante a punta con costolatura centrale su entrambi i lati e impugnatura bilobata[13]. Le tombe possono

---

[10] Tocco 1978, p. 112; Malnati 1984, p. 47, Tavv. XXVI-XXVII.
[11] S. Bianco – M. Tagliente, *La prima età del ferro*, Il Museo Nazionale della Siritide di Policoro, Bari 1985.
[12] D. Adamesteanu et alii, *Popoli anellenici in Basilicata* (Catalogo della Mostra, Potenza, ottobre – dicembre 1971), Napoli 1971, p. 52 (SAGGIO).
[13] Entrambe le tombe descritte sono state pubblicate da Adamesteanu 1971, p. 45, tav. XI.

essere datate se non alla fine dell'VIII sec. a. C. almeno alla seconda metà del secolo successivo, data la massiccia presenza di materiali in ferro, e non doveva essere neppure una comunità molto ricca, vista la mancanza di beni di lusso e la presenza, di contro, di oggetti da lavoro come i coltelli.

A questo punto possiamo considerare tutte le altre necropoli che risalgono a questo periodo e che coprono un'area maggiore nelle valli del Bradano e del Basento e che, cronologicamente, ci introducono nella seconda fase dell'età del ferro. Le tipologie di corredo restano all'incirca le stesse, ma al bronzo si sostituisce il ferro, sia negli ornamenti personali che nelle armi; il corpo del defunto nelle tombe è composto in maniera supina. Anche la ceramica subisce dei mutamenti e si assiste all'introduzione dell'uso del tornio; il repertorio decorativo si arricchisce con motivi geometrici che introducono definitivamente nella sintassi decorativa dei vasi il motivo a tenda. Tutto ciò anche grazie all'introduzione della ceramica greca e questo, ancora una volta, è sintomo di ulteriore arricchimento della comunità che trova nell'introduzione del tornio un incentivo alla produzione in serie di vasellame e nei contatti con altre realtà culturali nuovi stimoli per l'arte e l'artigianato. Questa fase si conclude intorno alla metà del VII sec. a. C. con un processo lento le cui cause sono variamente attribuite all'arrivo dei greci o dei sanniti in queste zone[14].

Cominciamo ad esaminare i rinvenimenti nella valle del Basento, area nella quale più copiosi sono i rinvenimenti di ceramica a tenda proveniente, sempre in prevalenza, da necropoli riportate alla luce soprattutto nei dintorni di Pisticci e Ferrandina[15].

I materiali di Pisticci provengono dalla necropoli più antica, quella di San Leonardo, che fu indagata nel 1934 e che ha restituito corredi molto interessanti, inclusi molti vasi con decoro a tenda. Le tombe di questa necropoli sono sei, riferibili alla seconda metà dell'VIII sec. a. C. e molto ricche di oggetti in metallo. La tomba 1 aveva nel corredo due olle biconiche di cui una con anse a bastoncello e basso piede la cui decorazione a tenda del tipo cosiddetto elegante è inserita in una campitura a tre linee e si trova al di sopra di ciascun'ansa verso la quale pendono due triangoli allungati, inoltre ha sul collo una fascia a tre linee parallele da cui parte un gruppo di tre filetti curvilinei (Tav. V, fig. 4). La seconda olla appare maggiormente ovoide con le anse verticali; la decorazione si

---

[14] Idem 1978, pp. 115-118.

sviluppa sui due lati nella parte alta del vaso tra le anse e consiste in due campi rettangolari sovrapposti e delimitati da gruppi di linee parallele, nel rettangolo superiore compare una decorazione geometrica ottenuta con linee spezzate che si uniscono al centro formando una catena verticale di losanghe; nel rettangolo inferiore, lo spazio è riempito dalla tenda che emerge da una fascia che gira attorno al vaso poco sotto le anse e in questo punto è decorato da un triangolo pieno sotto al quale un'altra fascia lascia pendere gruppi di gocce triangolari (Tav. V, fig. 5). Altri materiali del corredo sono: una tazzina a profilo poco carenato, orlo espanso e alta ansa a nastro e piede a disco appena incavato, la decorazione consiste in una serie di fasce orizzontali da cui pendono gruppi di gocce triangolari, una capeduncola di impasto, sette falere in bronzo, ventitré pendagli in bronzo, frammenti di due listelli in lamina bronzea, tre gruppi di sei anelli in bronzo, due orecchini, un oggetto ornamentale in bronzo, frammenti di grande fibula a quattro spirali del tipo Sundwall E II b[16] in bronzo, una lamina di ferro.

La seconda tomba ha restituito una scodella a corpo sferoide e una olletta biconica ad orlo espanso sottolineato sul bordo da un sottile listello, anse a bastoncello e fondo piatto. La decorazione è bruna e concentrata nella parte superiore delle pareti e consiste in una serie di linee orizzontali doppie e ad andamento spezzato ai cui lati vi sono delle figure umane stilizzate. I due motivi a tenda occupano la parte al di sopra delle anse emergendo dalla solita fascia orizzontale sulla quale, però, è rappresentato, stante frontalmente, un trampoliere fiancheggiato da due elementi ornamentali più evoluti di quelli superiori, nei quali non è più distinguibile l'originaria figura umana. La decorazione ripropone il tipo decorativo dei vasi di Sala Consilina sia in quella che viene definita 'falsa tenda', che nella figura umana stilizzata e nel trampoliere (Tav. VI, figg. 8-9). Il Lo Porto nota che gli stessi elementi decorativi si riscontrano nel geometrico japigio, ma che in esso non compare affatto il motivo a tenda[17].

Nel corredo della tomba 3 vi è ancora l'olla biconica con orlo espanso ed anse a bastoncello al di sopra delle quali ricorre il motivo a tenda. Il collo del vaso risulta tripartito da tre fasce di linee, dalla mediana pendono una serie di semicerchi penduli intrecciati tra loro (Tav. VI, fig. 6). La seconda olla che e stata rinvenuta presenta una forma maggiormente ovoidale e la decorazione è simile a quella delle altre olle, ma la

[15] F. G. Lo Porto, NSc 1969, pp. 139-165.
[16] J. Sundwall, *Die älteren italischen Fibeln*, 1943, p.174 ss., fig. 277.
[17] F. G. Lo Porto 1969, p. 144.

decorazione comprende anche la zona delle anse che sono impostate al di sopra della massima espansione del corpo. In questo modo la tenda, che di solito poggia su un listello realizzato al di sopra del diametro massimo del vaso in corrispondenza delle anse orizzontali, trova invece posto tra le due anse come nelle forme vascolari fornite di anse verticali; il collo è diviso in due segmenti orizzontali dalle solite linee a fasci. Nel primo riquadro sui due lati del vaso vi sono dei trattini sovrapposti fra due filetti tremuli, mentre nel secondo vengono inserite le due tende (Tav. VI, fig. 7). Per quanto riguarda gli oggetti in bronzo, il corredo comprende: una tazza in bronzo a calotta con fondo piatto ed ansa a nastro ricurvo l'estremità della quale termina a voluta, decorata con disegni geometrici a denti di lupo; una catena ad anelli accoppiati, un'altra catenella, ventisette bottoncini a calotta con appiccagnolo forato, un disco forato decorato, quattro falere, due pendagli ad anelli multipli, un anello digitale a spirale in ferro, frammenti di tubuli a spirale in bronzo di varie dimensioni, diciotto pendagli ad anelli multipli, numerosi frammenti di un lungo tubetto cilindrico ornamentale in lamina bronzea, ed altri frammenti di oggetti in bronzo.

Nella tomba 4 compaiono una scodella a calotta sferica a fondo piatto ed una brocca biconica con orlo espanso, fondo piatto ed ansa a nastro entrambe in terracotta. La decorazione non è molto chiara ma non si discosta da quella delle altre brocche di Sala Consilina di cui si è a conoscenza che però presentano varianti nella forma, a volte più panciuta[18].

La tomba 5 ha restituito una grossa olla a corpo sferoide con orlo espanso, collo e spalla a tronco di cono, anse a nastro e piede a disco. La decorazione è evanida, due linee orizzontali evidenziano lo stacco tra orlo e parete, mentre la decorazione a tenda occupa la fascia compresa fra le anse del vaso inserita tra un fascio di tre linee dipinte nella zona superiore e una fascia dalla quale pendono tre gocce triangolari, in quella inferiore; le anse sono bordate da due linee (Tav. V, figg. 1-2); una olletta biconica decorata con motivi geometrici, una tazza monoansata, sempre con decoro geometrico, un frammento di cuspide di freccia in ferro, un frammento di coltello a lama ricurva in ferro, frammenti di spada in ferro. La maggiore presenza di materiali in ferro a scapito di quelli in bronzo risulta tipica delle sepolture della fine dell'VIII sec. a.C..

---

[18] Idem 1969, p. 151.

L'ultima tomba, la numero 6, presenta anch'essa un corredo che si può datare alla fine dell'VIII sec. a. C. composto da un'olla biconica a orlo espanso, anse a nastro, piede a disco; una piccola tazza a corpo sferoide, ansa a nastro e piede a disco; una grossa olla globulare con orlo ad imbuto, anse a nastro e piede a disco. La decorazione ancora è composta dalla campitura per mezzo di due serie di gruppi di linee al di sotto dell'orlo nel cui registro inferiore delle zone anteriore e posteriore, compare la tenda di tipo elegante dalla quale si dipartono tre denti allungati che vengono ripetuti anche sotto le anse (Tav. V, fig. 3). La tipologia è simile a quella di alcuni crateri rinvenuti a Sala Consilina fase II[19]: troviamo una scodella emisferica, un'ansa, un rasoio rettangolare in bronzo, un'accetta semplice in ferro.

Sempre a Pisticci, nel 1934 in contrada Cammarella durante alcuni lavori agricoli, fu riportata alla luce una fornace nei pressi della quale si rinvenne uno scarico di frammenti di vasi sia acromi sia con decorazione geometrica che attestano i tipi della produzione locale. Infatti, i vasi erano prodotti con argilla depurata e la decorazione era ottenuta con vernice nerastra, opaca e poco consistente con l'aggiunta talvolta anche del colore rosso ma limitata ad alcune linee nei vasi più complessi. Nella stessa fornace venivano anche prodotti crateri biconici con decoro a tenda, ma del tipo con il triangolino più interno risparmiato, come negli esempi rinvenuti nelle tombe della necropoli di Ferrandina (Tav. VII, fig. 3). La fornace non pare essere stata attiva durante le fasi di vita della necropoli di S. Leonardo, datata all'VIII sec. a.C., poiché questo motivo della tenda ci riconduce alla prima metà del VII sec. a.C.. Oltre ad oggetti con decorazione a tenda, la fornace produceva olle globulari ad orlo espanso con anse a bastoncello decorate con triangoli a raggiera o, comunque, motivi geometrici comuni anche al geometrico antico di Sala Consilina. Per quel che riguarda la ceramica acroma erano prodotti crateri ad orlo espanso, e di questi alcuni erano decorati con motivi di ispirazione cicladica[20].

A Ferrandina esisteva già dall'età del ferro un abitato indigeno sulla collinetta "Croce del Calvario" le cui tracce sono state individuate da D. Adamesteanu che rinvenne dei fondi di capanna nel 1966[21] al di sotto della cittadina attuale durante alcuni lavori per

---

[19] Idem 1969, p. 154.
[20] Per una descrizione più puntuale dei rinvenimenti nello scarico della fornace e loro confronti vedi F. G. Lo Porto, *Civiltà indigena e penetrazione greca nella Lucania orientale*, Mon. Ant. Linc., XLVIII 1973, pp. 155-157.
[21] Tocco 1978, p. 100.

l'edilizia urbana e ad esso si possono riferire tutte le sepolture venute alla luce nel corso degli anni[22]. Fra le tombe che sono state rinvenute in area urbana segnaliamo quella di via Pisacane, nei pressi della Chiesa di S. Domenico, che ha restituito un particolare vasetto da infusione con la decorazione a tenda delimitata da fasce orizzontali e verticali del tipo ormai a falsa tenda (Tav. VII, fig. 2)[23].

Le restanti tombe rinvenute a Ferrandina, coprono un arco cronologico che parte da circa la metà dell'VIII sec. a. C. e giunge fino agli inizi del VII sec. a. C.. La produzione vascolare legata alla tenda presenta piccole varianti locali nella produzione, soprattutto nel decoro che perde le caratteristiche tipiche degli angoli multipli pieni per divenire due coppie di grandi lembi pieni con al centro un quinto triangolo risparmiato. La posizione della decorazione sulle olle biconiche rimarrà la stessa (al di sopra dell'ansa su una fascia continua che circonda tutto il vaso) ed anche i denti allungati che da tale motivo si dipartono rimarrà invariato, ma la tenda perderà la sua caratteristica peculiare divenendo una evoluzione del motivo. I corredi presi in esame sono quelli che il Lo Porto ha pubblicato nel 1969 su gentile concessione di Adamesteanu, quindi non vengono riportati tutti i corredi[24].

Nella tomba 2, compare la prima delle olle biconiche di cui si è detto, che nella forma rispecchiano le coeve di S. Leonardo e quindi di Sala Consilina II fase, ma non nella decorazione a tenda, anche se lo schema decorativo rimane lo stesso, ed è caratterizzato da tre fasci di due linee continue come campitura per tre registri rettangolari dei quali quello più in basso, posto nei pressi dell'ansa, contiene il nuovo motivo a tenda (Tav. VII, fig. 1). A S. Leonardo i due registri superiori a volte presentano una decorazione a zig zag o con dei tremuli sempre disposti in modo geometrico; a Ferrandina, invece sono alcune "linguette pendule" allungate, posizionate qua e là, a costituire dei riempitivi. Il corredo comprende anche una tazza monoansata a corpo globulare schiacciato, in argilla rosata ed ingubbiatura rossa con la decorazione di tipo geometrico in nero opaco. Confronti con Pisticci S. Leonardo si possono istituire anche per un altro

---

[22] Lo Porto 1973, p. 204.

[23] E. Bracco, *Ferrandina (Matera). Rinvenimenti di tombe di età greca*, NSc 1935, p. 398, fig. 7; E. Lattanzi, *Ferrandina, necropoli dall'età del ferro al IV sec. a. C.*, Il Museo Nazionale "Ridola" di Matera, p. 146, tav. LIV, fig. 1.

[24] Idem 1969, p. 158.

elemento del corredo, una tazza simile sia per la forma che per la decorazione[25]. La datazione ci riporta alla seconda metà dell'VIII a. C..

La tomba 5 presenta il corredo composto da una scodella monoansata in argilla giallina con ansa a bastoncello, orlo espanso e fondo piatto, forma che si ritrova anche a Sala Consilina II fase[26]; la decorazione a tenda compare sulla spalla, mentre sul labbro ricorrono i soliti triangoli radiali dipinti in nero.

Al corredo appartengono anche vasi con altre tipologie decorative: un'olla a corpo sferoide imitante la forma del *kantharos* con decorazioni geometriche, un *kantharos* a corpo globulare schiacciato con orlo espanso anch'esso decorato elementi geometrici, uno *stamnos* in argilla giallina di cui è impossibile definire la decorazione poiché andata perduta, una capeduncola in impasto nero con fondo umbilicato, una brocchetta a corpo globulare schiacciato, orlo espanso, ansa a nastro e fondo piatto decorato a motivi geometrici, una tazza monoansata in argilla giallina decorata con motivi geometrici resi con vernice nera opaca, una tazza monoansata acroma di rozza fattura, un'olletta d'impasto a corpo sferoide, basso collo espanso, anse a bastoncello e fondo piatto, una grande olla biconica in argilla giallina che presenta un motivo decorativo caratterizzato dalla rappresentazione grafica di un pendaglio a protomi ornitomorfe con catenelle, ai cui lati sono raffigurate due svastiche[27].

La tomba 6 non ha restituito vasi con la decorazione a tenda, ma un'olla ovoide che nella forma (orlo espanso, corpo panciuto piuttosto accentuato, anse a nastro e fondo concavo), richiama un esemplare simile conservato nel Museo di Bari nel quale, invece, il decoro a tenda compare, ma non c'è certezza sulla provenienza da Pisticci o Ferrandina[28]. Oltre questa olla, appartiene al corredo della tomba anche una tazza monoansata con decorazione geometrica; la tomba è datata alla seconda metà dell'VIII sec. a. C..

Già il Lo Porto riferiva alla stessa fabbrica la produzione dei vasi di S. Leonardo di Pisticci e di Ferrandina ipotesi confermata dalla presenza, al di sotto degli oggetti, dello

[25] Vedi p. 158.
[26] Lo Porto 1969, p. 159.
[27] Per particolareggiati confronti per tutti gli oggetti citati vedi Lo Porto 1969 pp. 159-162.
[28] Idem 1969, p. 164.

stesso marchio di produzione, ma i temi decorativi sono difformi, come testimonia la differenza della resa dell'ornato a tenda che negli esemplari di Ferrandina risulta modificato. Ciò può essere dovuto alla maggiore vicinanza di Ferrandina alla temperie culturale del materano maggiormente ricettiva, per la sua posizione geografica, del protogeometrico japigio che influenzerà non poco questa zona. Infatti, come vedremo, nel materano il motivo a tenda cambierà morfologia e si evolverà fino ad essere urilizzato come riempitivo dal sapore arcaico nella decorazione dei vasi japigi per scomparire nel VI sec. a. C.. Non a caso l'area del materano resterà quella più legata al motivo per tutto il VII sec. a. C. anche quando le altre officine delle valli del Bradano, del basso materano e di Sala Consilina cesseranno la produzione. Ma di ciò si parlerà più a lungo in seguito.

Ci spostiamo ora proprio nel basso materano, dove può essere stata elaborata o rielaborata l'idea che ha permesso lo sviluppo di questo tema decorativo. La posizione di questi centri posti nell'immediato entroterra della costa ionica, si è rivelata piuttosto interessante già al tempo della precolonizzazione ad opera dei micenei o, comunque di greci alla scoperta di nuovi territori.

Molto più all'interno di Ferrandina, ma sempre nella Valle del Basento si colloca Garaguso, un sito molto importante della Basilicata ed interessato da molte indagini archeologiche fin dalla fine degli anni sessanta[29].

Nei primi anni settanta vennero individuati in Contrada Filera, tramite sondaggi mirati, resti di un abitato che, in base ai rinvenimenti, sembra sia stato frequentato dalla prima età del ferro fino al VI sec. a.C.. Lo strato che riguarda i rinvenimenti di ceramica a tenda è proprio l'ultimo, quello che poggia direttamente sul terreno vergine. In questo strato non compare ancora ceramica greca mista a quella indigena, come in quello successivo, e comunque vi è una gran quantità di decorazioni diverse da quelle geometriche monocrome oltre a frammenti decorati con i colori rosso e nero associati a ceramica d'impasto. I frammenti con la decorazione a tenda appartengono alla tipologia della tenda elegante, ma non è possibile precisarne i quantitativi poiché mancano ulteriori indagini nell'area (Tav. VIII, figg. 3, 5); la datazione può essere compresa fra la fine del IX e la prima metà dell'VIII sec. a.C..

---

[29] M. Hano et alii, Garaguso (Matera). Relazione preliminare sugli scavi del 1970, NSc 1971, p. 424 sgg.; J. P. Morel, Garaguso (Lucanie), tradition indigènes et influences greques, Comptes rendus de l'Académie des Inscriptions & Belles-lettres, 1974, pp. 370-395.

L'area di gran lunga più importante di questa zona rimane il territorio di Metaponto con Cozzo Presepe e le colline dell'Incoronata greca ed indigena, che hanno restituito molta ceramica a tenda in tutte le varianti conosciute e di cui si dirà in modo più dettagliato in seguito. Il sito si trova sulla riva destra del Basento a tre chilometri da Metaponto e fu abitato già dalla prima età del ferro, come le colline circostanti. La zona è sempre stata interessata da scavi che hanno indagato l'abitato la cui cronologia parte dal IX sec. a.C. e copre tutto l'VIII sec. a. C.. In realtà pochi sono i resti dei fondi di capanne rinvenuti sul terreno vergine, ma in compenso abbondante è il materiale rinvenuto nelle frequenti fosse circolari di scarico e nei pozzetti (ossa animali, cenere, ceramica). In realtà pare che i pozzetti siano di periodo antecedente alle fosse circolari poiché contengono ceramica a tenda in associazione con ceramica geometrica dipinta in bruno, mentre le fosse circolari presentano anche materiali con decorazioni geometriche di colore rosso e nero, quindi di un periodo posteriore, databile non oltre la fine dell'VIII sec. a. C. poiché l'abitato viene abbandonato intorno al 700 a. C. e vi si sovrappone un insediamento greco coloniale che viene distrutto ed abbandonato definitivamente intorno al 650 a. C.[30].

La ceramica rinvenuta racchiude in sé tutte le tipologie conosciute di questa classe ceramica, dalla tenda elegante, a quella evoluta, fino alla falsa tenda, l'ultima a comparire, la cui produzione cessa dal VI sec. a. C. (Tav. IX, figg. 1-3, Tav. X, figg. 4-7). Delle varianti di questo tipo di decorazione si discuterà in seguito.

Strettamente legati agli scavi dell'Incoronata sono i sondaggi di Cozzo Presepe sia perché, effettuati in abitato, sia per i risultati ottenuti. Le indagini in questo sito sono state condotte dal Morel negli anni dal 1968 al 1970 e nei saggi che hanno riguardato gli strati più antichi dell'abitato indigeno egli ha rinvenuto ceramica ad impasto insieme a ceramica dipinta con decorazione geometrica ma non compare la ceramica greca, il che porta lo studioso ad ipotizzare una datazione tra il IX e gli inizi dell' VIII sec. a. C.. Gli stessi risultati li ottiene a Garaguso come abbiamo già detto, sempre in un saggio,

---

[30] P. Orlandini, *Un frammento di coppa mediogeometrica dagli scavi dell'Incoronata di Metaponto*, Atti e Memorie della Società di Magna Grecia, 1974-1976, pp. 177-186; Idem, *Fase precoloniale nella Basilicata sud – orientale ed il problema dell'Incoronata*, Siris – Polieion, fonti letterarie e nuova documentazione archeologica (Incontri di Studi, Policoro 8-10/6/1984), Galatina 1986, pp. 49-54. In questo articolo l'autore precisa che questo insediamento greco poteva essere un villaggio pre – sirita che ha preceduto la fondazione ufficiale di Siris da parte dei profughi di Colofone e che era usato per il commercio con le popolazioni indigene.

sempre negli strati a contatto con il terreno vergine, per cui, non essendoci ceramica greca per assicurare una datazione affidabile, il Morel ha fatto eseguire a conferma della sua datazione analisi al C14 su resti organici carbonizzati ottenendo una cronologia assoluta che oscilla fra l'860 ed il 790 a. C.[31]. L'associazione con l'Incoronata è utile perché, come abbiamo già accennato, ci troviamo di fronte alla stessa zona con uguali presenze di ceramica che offrono confronti utili per la datazione della stessa; inoltre, all'Incoronata sono stati rinvenuti frammenti di ceramica greca e di imitazione di cui si dirà in seguito (Tav. XI, Cozzo Presepe, fig. 1).

L'ultima valle da esaminare resta quella del Bradano, area nella quale già è possibile intravedere le influenze della vicina Puglia anche nella produzione legata alla ceramica a tenda. Il primo sito che verrà preso in considerazione è Timmari, città nota per il rinvenimento di una necropoli della tarda età del Bronzo. In anni recenti sono stati anche rinvenuti un sepolcreto utilizzato dall'VIII al VI sec. a. C. in località Montagnola a nord - est della Chiesa di S. Salvatore (Tav. XII, fig. 1), un'altra necropoli dello stesso periodo a sud – est della Chiesa, mentre scavi più recenti hanno indagato proprio la collina di S. Salvatore dove, al di sotto delle tombe di VI sec. a. C., sono state rinvenute delle tombe a sarcofago tipiche di queste zone nell'età del Ferro. Le tombe hanno restituito, tra gli altri oggetti, un cratere decorato con il motivo a tenda modificato tanto da poter essere considerato "falsa tenda". Il cratere presenta orlo estroflesso, corpo sferoide, anse a nastro verticali impostate sulla spalla e piccolo piede ad anello. La decorazione si trova sulla spalla fra le due anse ed è composta dal motivo a falsa tenda con triangolo centrale vuoto e lati fortemente ispessiti, alla base della tenda due fasce orizzontali delle quali quella inferiore è più spessa e caratterizzata da due linee concave che si allungano fin quasi alla fine del vaso (Tav. XII, fig. 2). E' questo un esempio dell'evoluzione che la sintassi decorativa subirà nel tempo proprio in questa zona del materano.

Comunque, in un saggio in profondità effettuato al di sotto dell'abitato ellenistico sono stati rinvenuti anche molti frammenti con tenda elegante. In occasione di questo saggio sono state rinvenute alcune buche per pali di capanne e, appunto, ceramica a tenda in associazione con quella d'impasto. Questo saggio è il primo che riporta alla luce tracce

---

[31] J. P. Morel, *Fouilles à Cozzo Presepe près de Métaponte*, MEFR 1970, pp. 73-116; P. Orlandini, *Un frammento di coppa mediogeometrica dagli scavi dell'Incoronata presso Metaponto*, Atti e Memorie della Società di Magna Grecia, 1974-1976, p. 178.

di un abitato protostorico, che doveva essere abbastanza ampio, ammesso che fosse solo uno perché anche in scavi precedenti era già parso chiaro che fosse un abitato molto grande o che gli abitati fossero più di uno sia per l'abbondanza della ceramica rinvenuta che per il numero delle necropoli rinvenute (Tav. XII, fig. 3)[32].

Matera ha restituito presso S. Nicola dei Greci, materiali con decorazione a tenda sia del tipo elegante sia di quello della falsa tenda, quest'ultimo databile al VI sec. a. C.. Si tratta di un complesso monumentale rupestre sito nel Sasso Barisano dove, rendendosi necessario un più comodo accesso alla cripta, venne deciso di svuotare dalla terra lo spazio antistante. Durante i lavori sono stati rinvenuti materiali che attestano tutte le fasi di vita del sito antico dalla prima età del ferro all'età ellenistica e che documentano la sua rioccupazione a partire dal XII secolo fino ai giorni nostri. Lo strato inferiore dello scavo, a diretto contatto con la roccia, ha restituito una inusitata varietà di tipologie ceramiche, nelle quali sono preponderanti i frammenti della ceramica geometrica tipo "Borgo Nuovo", oltre a quella di tipo enotrio ed a tenda. Quest'ultima presenta una notevole varietà di motivi che permettono di seguirne l'evoluzione, dal tipo cosiddetto elegante fino ad uno strano motivo composto da angoli sovrapposti i cui lati terminano a ricciolo (Tav. XIV, fig.6, Tav. XV, figg. 4-5, Tav. XVI, fig. 7). La forma del cratere sul quale compare quest'ultima decorazione è riferibile alla fine del VI sec. a. C., e senza dubbio ci troviamo quindi di fronte all'esito finale del tipo (Tav. XV, fig. 3).

L'accumulo di S Nicola dei Greci è stato interpretato come materiale di scarico di fine VI sec. a. C. di un abitato che ha intensamente popolato l'area della cripta di S. Nicola poggiante su argilla pura e decantata sistemata intenzionalmente nel sito visto che, trovandosi all'interno dei Sassi, è improbabile che fosse di giacitura primaria. Sia la presenza di argilla che i resti di un fornello troppo grande per poter essere considerato domestico, inducono a ritenere che ci si trovi di fronte ai resti di un deposito di argilla connesso con un'officina ceramica, una volta abbandonato l'atelier è stato usato per i rifiuti dell'abitato[33].

La decorazione a tenda elegante, è applicata su due forme vascolari: la brocca e l'olla a corpo sferico. Nel primo caso, abbiamo una brocca in argilla rosa – arancio con ansa

---

[32] E. Lattanzi, *Timmari – necropoli arcaiche*, Il Museo Nazionale "Ridola" di Matera, 1976 p. 122, tav. XLI, 1; Eadem 1976, pp. 252-254, tav. V.
[33] M. G. Canosa, *Matera*, St. Etr. XLIX, 1981, pp. 481-482; Eadem, *Il Materano*, Siris – Polieion, fonti letterarie e nuova documentazione archeologica, Incontro Studi – Policoro 8-10/6/1984, Galatina 1986, p. 175.

verticale a nastro decorata sul ventre con tre tende inquadrate da un fascio di linee orizzontali che fanno anche da base al rettangolo che delimita il collo con due linee orizzontali al di sotto dell'orlo; dai lati delle tende partono delle frecce rivolte verso l'alto ottenute con file di puntini (Tav. XIII, fig. 1).

L'olla, invece, ricomposta da numerosi frammenti, è in argilla grigiastra ben depurata. La decorazione è di colore nero intenso e riproduce una tenda elegante con grandi triangoli pendenti dalla base verso le anse a bastoncello[34]. Anche il motivo della falsa tenda è documentato tra i materiali di questo scarico. Ne è un esempio una piccola olla con collo a profilo quasi concavo, decorato con gruppi di linee spezzate mentre sul ventre è decorato con due false tende doppie sulle due facce e con motivi a stella negli spazi vuoti. Sotto le anse compaiono altre tende con un ciuffetto sul culmine (Tav. XIV, fig. 2)[35].

Un altro frammento di olla biconica con decorazione a falsa tenda era stato rinvenuto nella necropoli di S. Martino insieme ad un gruppo di altri frammenti con decorazione geometrica che appartenevano al corredo di una o più tombe già manomesse. Il motivo è dello stesso tipo di quello dei crateri di Ferrandina e Pisticci già esaminati[36].

Resti di abitati sono stati individuati anche nel territorio di Montescaglioso sia sulla Collina Difesa S. Biagio che occupa una posizione prominente sulla vallata del Bradano, difeso naturalmente da un profondo burrone su tre lati, sia nel centro stesso dell'abitato attuale che sembra avere avuto vita almeno dal VII sec. a.C. e fino all'età ellenistica e romana. Nel centro cittadino, nei pressi della scuola elementare, sono stati riportati alla luce resti di una necropoli con tombe a sarcofago in pietra chiuso con lastroni, nelle quali il defunto era deposto in posizione rannicchiata. Anche questa necropoli è stata utilizzata dal VII sec. a. C. fino al IV sec. a.C.. Nella tomba 1 è stato rinvenuto un grande cratere geometrico ad orlo espanso, corpo biconico, anse a nastro. La decorazione è scadente, di colore bruno e rossiccio opaco. Nelle facce anteriore e posteriore del vaso la decorazione è articolata su tre registri: in quello superiore è rappresentato un motivo meandriforme di colore rosso racchiuso fra due fasce verticali comprendenti anch'esse un meandro semplice con tratti spezzati ai lati. Nel registro

---

[34] Canosa 1986, p. 176.
[35] Ccanosa 1986, pp. 177-178.
[36] Lo Porto 1973, p. 216, Tav. LXII, 2, 1.

inferiore campeggia il motivo a tenda ormai stilizzato affiancato da due gruppi di tre linee verticali con due L contrapposte in alto. Dalla fascia più bassa del decoro a tenda si dipartono tre cuspidi pendule (Tav. XVII, fig. 1). Questo cratere è accomunabile a quelli rinvenuti a Ferrandina e Pisticci per forma e decorazione, in particolare nella ceramica rinvenuta nella fornace di Cammarella di Pisticci inquadrabile nel VII sec. a. C., nonché a Sala Consilina fase III B. Allo stesso corredo appartengono alcuni piccoli vasi in impasto grossolano, una piccola punta di freccia in ferro ed una fibula in bronzo con arco a doppia punta ornato da bottoncini laterali. La tomba è datata al VII sec. a. C.[37].

Dello stesso stile finale della decorazione a tenda è un cratere, rinvenuto ad Irsina durante uno scavo di emergenza, e i materiali di Monte Irsi. Il cratere suddetto ha bocca ad orlo estroflesso, corpo panciuto, piccolo piede ad anello ed anse orizzontali; la decorazione, come per il cratere di Montescaglioso, è bicroma e su tre registri: quello superiore riproduce, sulla spalla fra le due anse, una tenda all'interno della quale le zone risparmiate sono decorate con file di puntini che sono doppi nel triangolo centrale, mentre nel registro inferiore compare un decoro a meandro concluso nella parte più bassa da due triangoli penduli risparmiati all'interno e colmati con la stessa puntinatura della tenda (Tav. XVIII, fig. 1)[38].

Il motivo decorativo della tenda era proprio anche della zona del potentino che ha restituito molti esemplari nei siti indagati.

La prima località di cui trattiamo è Serra di Vaglio nella quale sono state effettuate varie campagne di scavo per riportare del tutto alla luce le strutture dell'abitato antico già emergenti dal terreno e mettere in evidenza l'insediamento dell'età del ferro. Il sito è stato frequentato senza soluzione di continuità dall'VIII al III sec. a. C, cosicché le fasi più antiche risultano spesso sconvolte da quelle più recenti. I resti dell'abitato inoltre sono stati utilizzati in tempi moderni come cave di pietra per la costruzione di case o di rifugi per pastori.

---

[37] Lo Porto 1973, pp. 182-183; E. Lattanzi 1976, pp. 128-129.
[38] E. Lattanzi, *Attività archeologica nel Materano*, Atti Taranto 1977, pp. 442-443, Tav. XLVII. Per Monte Irsi: J. F. Cherry *et alii, A trial excavation at Monte Irsi, Basilicata*, PBSR XXXIX 1971, pp.138 sgg.; AA. VV., Monte Irsi, *Southern Italy, The Canadian excavation in the Iron Age and Roman sites 1971-1972*, BAR.

Dell'insediamento sono stati individuati sia l'abitato che la necropoli. Anche la necropoli relativa al centro è stata spogliata già in antico e molte tombe sono state sconvolte da costruzioni. Le tombe sono a fossa; il defunto era deposto in posizione rannicchiata su un fianco. I corredi, per quanto è possibile sapere, data la precaria situazione delle tombe, sono per lo più composti da materiale indigeno, ceramica d'impasto e figulina con decorazione geometrica, scarsi invece gli oggetti di importazione.

L'abitato non era molto distante dalla necropoli, a giudicare dai rinvenimenti sporadici di frammenti di intonaco per le capanne, di fornelli, di ceramica di uso comune e per il rapporto fra necropoli e abitato, che è piuttosto controverso a causa degli sconvolgimenti dovuti anche a lavori agricoli, è emerso che la necropoli di VII sec. a. C. si è sovrapposta all'abitato la cui prima fase è sicuramente della prima metà dell'VIII sec. a. C. se non più antica. I materiali dell'abitato sono molto copiosi e rappresentati in larga maggioranza da ceramica a tenda di tipo elegante ed anche del tipo cosiddetto "a tenda grossolana", mentre per quel che riguarda il bronzo, i rinvenimenti sono scarsi (Tav. XIX, figg. 1-3). L'utilizzo della necropoli sembra sia cessato a partire dalla metà del VI sec. a. C. quando questa è stata incendiata e non sembra ci siano elementi che facciano supporre una ripresa della frequentazione di quest'area successivamente, mentre l'abitato continua a vivere fino all'età ellenistica servendosi di un'altra necropoli[39].

Esempi di rinvenimenti di ceramica con decorazione a tenda nella zona di Potenza sono anche Cancellara (Serra del Carpine), che probabilmente era un centro in cui si produceva ceramica nel VII sec. a. C., e Satriano.

A Cancellara, nella prima metà del VII sec. a. C, l'abitato dell'età del bronzo è stato smantellato per far posto ad una necropoli; in un saggio in profondità è stata rinvenuta una stratigrafia capovolta, segno di una ristrutturazione totale e volontaria del sito[40]. Dalla stratigrafia dell'abitato proviene un frammento di brocca nel quale le tende che

[39] F. Ranaldi, *Ricerche archeologiche nella provincia di Potenza 1959-1960*, pp. 15-30.
G. Greco, *Le fasi cronologiche dell'abitato di Serra di Vaglio*, Attività archeologica in Basilicata 1964-1977, Scritti in onore di Dinu Adamesteanu, Matera 1980, pp. 367-371, Tav. VII; G. Greco, J. Rougetet, *La 'casa dei pithoi' a Serra di Vaglio: proposta di un restauro*, Papers of the fourth Conference of Italian Archaeology 2, London 1992, pp. 3-10, fig. 3, con bibliografia precedente.
[40] Tocco 1978, p. 117, fig. 16.

decoravano la spalla erano separate da un uccello palustre stilizzato o da una freccia (Tav. XX, Cancellara, fig. 1).

A Satriano, scavi della Brown University alla fine degli anni sessanta hanno indagato i luoghi della città antica interessandosi della cinta muraria dell'acropoli e della necropoli, rinvenendo anche ceramica a tenda[41].

Le estreme propaggini a nord dei rinvenimenti di ceramica con decoro a tenda in Basilicata sono località poste nella vallata dell'Ofanto, in particolare Lavello e Toppo Daguzzo.

A Lavello sono stati indagati parti di un abitato del quale facevano parte tre abitazioni in muratura, alcuni fondi di capanne e di una necropoli della quale sono state individuate 150 tombe. Dalla capanna più antica rinvenuta provengono molti frammenti di ceramica geometrica monocroma di tipo japigio con prevalenza di olle biconiche con decorazione a tenda o falsa tenda che datano la stessa all'VIII sec. a. C.[42].

Toppo Daguzzo è una collina isolata ed ha restituito un abitato piuttosto vasto, testimonianza concreta dell'importanza che doveva avere il centro. Indagini esplorative hanno dimostrato una sequenza stratigrafica ininterrotta dalla cultura appenninica fino all'età romana di una parte dell'abitato e la presenza di due necropoli, una dell'età del bronzo ed una dell'età del ferro, rinvenute sul declivio meridionale del "toppo". La stratigrafia rinvenuta durante le indagini nella parte alta dell'abitato ha dimostrato che alla fine del bronzo recente vi è stato un abbandono improvviso delle capanne subappenniniche a seguito di una violenta distruzione con tracce di incendio e su questa situazione si impianta lo strato relativo al bronzo finale datato anche dalla presenza di ceramica del protogeometrico iapigio. Lo strato relativo all'età del ferro ha restituito ceramica con decorazione a tenda databile alla seconda metà dell'VIII sec. a. C. chiudendo la sequenza stratigrafica. Come per la Puglia, una particolarità della ceramica di questo sito è che accanto alla ceramica indigena compare anche quella japigia a

---

[41] R. Holloway, *Satrianum*, Providence 1970, pp. 4-8; Idem, *Excavation a Satrianum*, AJA LXXI, 1967, p. 59 sgg.; Idem, *Excavation at Satrianum*, AJA LII, 1967, pp. 176-177; Idem, *Excavation at Satrianum*, AJA LXXII, 1968, p. 119 sgg..
[42] G. Canosa 1981, pp. 480-481.

testimonianza della coesistenza dei due tipi e motivi che caratterizzano le regioni al confine di due culture[43].

---

[43] M. Cipolloni Sampò, *Il bronzo finale in Basilicata*, Atti XXI Riun. Sc. I.I.P.P., Firenze 1979, pp. 497 sgg.; Eadem, *Toppo Daguzzo*, St. Etr. XLVI 1978, pp. 552-553; M. Cipolloni, *La stratigrafìa di Toppo Daguzzo e i problemi relativi a contatti fra le due sponde adriatiche durante l'età del bronzo e la prima età del ferro*, in L'Adriatico tra Mediterraneo e penisola Balcanica nell'antichità, Taranto 1983, pp. 51-60.

La ceramica a tenda e la sua diffusione in Italia

La ceramica a tenda ha avuto una diffusione che possiamo definire capillare in tutto il territorio della Basilicata, come abbiamo avuto modo di constatare in base ai rinvenimenti susseguitisi negli anni e di cui si è fatto il punto con l'aiuto dei soli dati editi. La sua presenza non è solo un fatto locale limitato unicamente alla Basilicata, anzi, si è estesa anche alle regioni circonvicine con cui già in precedenza, evidentemente, vi erano dei rapporti commerciali o di altro tipo. Queste regioni sono la Campania, e in particolare il Salernitano, la Puglia, la Calabria e l'Etruria (Tav. II).

In Campania i rinvenimenti di ceramica a tenda sono circoscritti alle zone di Pontecagnano, Capodifiume e Sala Consilina, gravitante sul Vallo di Diano.

Pontecagnano è un centro sorto sulla riva sinistra del fiume Picentino che, posto tra Salerno ed il Sele, ha rappresentato una delle principali vie di comunicazione con la Lucania. Il sito ha avuto una continuità di vita dall'età del ferro fino all'età romana documentata da due necropoli. A questo centro sono da riferire appunto due necropoli adiacenti delle quali una è databile alle prime fasi età del ferro e l'altra ad un periodo compreso tra il VI ed il IV sec. a. C. senza soluzione di continuità.

Le tombe della prima fase dell'età del ferro, sono sia ad incinerazione, del tipo a pozzo ricoperte da ciottoli disposti a circolo attorno al corredo, sia ad inumazione in fosse rettangolari con pareti e copertura di ciottoli, ma quest'ultima tipologia si riscontra meno frequentemente. Per quanto riguarda i corredi delle tombe ad incinerazione, sono attestate le olle biconiche coperte da uno scodellone monoansato, nonché le scodelle monoansate e le capeduncole. I materiali in bronzo sono anche abbastanza numerosi, in particolare vi sono fibule nelle tombe femminili e fibule unite a rasoi in quelle maschili. Un dato significativo è che le armi compaiono in una sola tomba e sono costituite prevalentemente da punte di lancia, ma è presente anche un giavellotto ed uno scudo ovale in doppia lamina di bronzo. Questi materiali bronzei sono confrontabili con quelli coevi della fase pregeometrica di Sala Consilina. A Pontecagnano, a differenza di Sala Consilina manca il gran numero di vasi decorati con il tipo decorativo a tenda che invece a Sala Consilina costituisce la maggior parte dei rinvenimenti ceramici. L'unico esempio per ora conosciuto, riguarda una forma non presente a Sala. Si tratta di una brocca in terracotta con ventre basso ed espanso, ansa verticale a nastro; la decorazione è bruna caratterizzata da due linee continue ad angoli poste fra due fasce orizzontali sottili. Sulla spalla compare il motivo della tenda grossolana (Tav. XXI, Pontecagnano, fig. 1)[44].

Il secondo sito campano in cui sono stati rinvenuti vasi con decoro a tenda è Capodifiume. Questa località si trova nei pressi di Paestum vicino alle sorgenti del fiume che porta lo stesso nome. Qui sono venute alla luce sei tombe durante lo scavo per le fondazioni di una casa colonica ed i materiali rappresentano la prima testimonianza della cultura villanoviana nel territorio di Paestum.

Le tombe sono tutte ad incinerazione ricoperte da tumuli composti da ciottoli. I corredi non hanno la stessa eleganza di quelli di Pontecagnano, la ceramica è per lo più d'impasto e le forme sono quelle tipiche delle tombe ad incinerazione: l'olla biconica, lo scodellone monoansato e la capeduncola. Per quanto riguarda i vasi, bisogna notare che non sono di fattura accurata e che, specie per le forme globulari, sono a profilo continuo.

I vasi in argilla figulina rinvenuti sono tre: due brocche ed un vaso a corpo sferico schiacciato con due colli cilindrici. Questi oggetti trovano confronti con il materiale di Sala Consilina anche per la decorazione che, per una delle due brocche, è a tenda elegante di colore rosso pallido e per la compresenza di ceramica d'impasto e ceramica figulina in uno stesso contesto (Tav. XI, Capodifiume, fig. 1)[45]. Ricordiamo ancora in Campania le tre brocche rinvenute negli anni settanta nella necropoli protostorica di S. Marzano sul Sarno: una proveniente dalla tomba 90 con decorazione quasi del tutto scomparsa, le altre due sono comprese nel corredo della tomba 93 e riproducono il tipo della tenda elegante (Tav. XXI, S. Marzano sul Sarno, fig. 1-2)[46].

Sembra che da tramite per l'importazione della ceramica a tenda nell'area campana abbia fatto una zona a confine fra il Salernitano e la Lucania: il Vallo di Diano, attraversato dal fiume Tanagro, un affluente del Sele. Questa area è sempre stata considerata un crocevia importante per le comunicazioni nell'antichità ed ospitava già

---

[44] B. D'Agostino, *Necropoli di Pontecagnano*, Mostra Salernitano, 1962, pp. 105-107, n. 372, f. 42.
[45] P. C Sestieri, *Necropoli Villanoviane in provincia di Salerno*, St. Etr. XXVIII (1960), p. 73 sgg.; G. Voza, *Necropoli di Capodifiume*, Mostra Salernitano, 1962, pp. 79-80, 82, n. 218, fig. 24, 1.
[46] P. Gastaldi, *Le necropoli protostoriche della valle del Sarno: proposta per una suddivisione in fasi*, A.I.O.N., I, Napoli 1979, p. 47.

nell'VIII sec. a. C. una sorta di centro per il mercato delle regioni più interne. Con la cultura di Pontecagnano ha sempre molti punti di contatto soprattutto Sala Consilina, a cominciare dalla frequenza nell'utilizzo di materiale bronzeo alla pressoché totale inesistenza di prodotti di lusso; ma ha un punto di contatto importante con la Lucania, soprattutto in relazione alla presenza di una ottantina di vasi con decorazione a tenda provenienti dalla necropoli studiata da J. de La Genière che opera una classificazione precisa all'interno del materiale rinvenuto di cui si terrà conto in seguito[47]. In questa sede basta accennare alla particolare abbondanza di questa tipologia decorativa, che però orna classi ceramiche più varie di quelle presenti in Lucania, proprio perché l'argomento è già stato trattato in maniera esaustiva dalla studiosa.

La piana di Paestum è divisa dal Vallo di Diano dal massiccio degli Alburni che è stato indagato dal gruppo Grotte E. Boegan di Trieste allo scopo di individuare le zone di frequentazione antica. Le ricerche hanno permesso di localizzare con certezza siti abitati a partire dalla media e recente età del bronzo, tra essi la Grotta della Madonna del Granato, in cui Yntema dice siano stati rinvenuti alcuni frammenti di vasi con la decorazione a tenda[48].

I centri appena citati, come abbiamo già detto, sono situati in zone strategiche dal punto di vista dei collegamenti, in punti nodali per le comunicazioni. Pontecagnano si trova nella pianura costiera della Campania meridionale nei pressi del fiume Picentino; Sala Consilina nel Vallo di Diano, attraversato dal corso del Tanagro, che rappresenta una importante via interna che collega la Campania, la Lucania e la Calabria; sia Pontecagnano e Capodifiume che Sala Consilina sono legate soprattutto all'Etruria meridionale (Veio e Tarquinia). Questo tipo di collegamento, piuttosto complesso dal punto di vista archeologico, inizia nel IX secolo a. C. e continua per tutto l'VIII sec. a. C., periodo in cui i rapporti fra Puglia, Basilicata, Calabria orientale, Etruria diventano più fitti.

L'evidenza archeologica più conosciuta riguarda le necropoli villanoviane dell'Etruria in cui si registrano sporadiche importazioni di vasi sia a tenda che del geometrico daunio, nonché materiali in bronzo quali fibule a quattro spirali di piccole dimensioni,

[47] La Geniere 1968.
[48] D. Yntema, *The matt painted pottery in the Southern Italy*, Galatina 1985, p. 118-119, in riferimento all'articolo di P. Gastaldi, *La grotta di Madonna del Granato*, Mostra Salernitano 1974, pp. 69-70.

sia del tipo con piccola lamina di rivestimento circolare decorata a sbalzo, sia del tipo con laminetta quadrata, sempre a sbalzo; alcuni dischetti con ampia apertura interna irregolarmente circolare e singolare decorazione a cerchietti concentrici su una sola faccia, materiali che usualmente si rinvengono nelle necropoli del versante ionico della Calabria settentrionale ed in altre località dell'Italia meridionale[49]; viceversa, anche dall'Etruria erano esportati oggetti in bronzo nell'Italia meridionale, ad esempio, nella necropoli di Torre Mordillo sono state rinvenute due fibule di cui l'una con arco di verga a nastro su cui sono applicate una serie di spiralette coniche, l'altra con arco foliato e fori lungo i margini con frangia di anellini pendenti, un pettorale difensivo documentato in Etruria e nel Lazio e rasoi lunati presenti soprattutto nell'Etruria interna[50]. Non è chiaro se questi scambi siano da attribuire a contatti diretti o se, invece, siano mediati dalla Campania (Sala Consilina, Pontecagnano), che per la sua posizione geografica e la variegata realtà culturale ben si presta al ruolo di tramite dei reperti. Il Delpino ritiene che non ci sia stata mediazione da parte di Pontecagnano fra Etruria ed 'Enotria' perché i materiali appena citati non sono stati ancora rinvenuti in Campania, ma questa tesi può essere smentita dal rinvenimento proprio a Pontecagnano di una spada ed un fodero di probabile fattura tarquiniese. Questa potrebbe essere anche la spiegazione della sporadicità dei reperti di importazione che proprio questo volevano essere e non testimonianza di spostamenti di persone o gruppi[51]. E' anche importante notare che i contatti fra le due civiltà, seppure sporadici, sono concentrati nei primi decenni dell'VIII sec. a. C. e si interrompono poco dopo la metà dell'VIII sec. a. C. in un periodo in cui è ormai forte la presenza greca in Campania. Notiamo anche che la Calabria poteva avere attirato l'interesse degli Etruschi per l'esistenza già dal IX sec. a. C. di centri siderurgici in cui l'attività era già ben avviata. Il Delpino ritiene che possano considerarsi di produzione meridionale anche due fibule in ferro ad arco serpeggiante con gomito accentuato che si discostano dalle altre fibule della stessa tipologia prodotte in Etruria.

Tale teoria risulta non solo molto interessante, ma anche utile per spiegare, ad esempio, il perché spesso si evidenzino contatti fra due culture, definiti tali proprio perché pochi

---

[49] Per la bibliografia a riguardo vedi: F. Delpino, *Sulla presenza di oggetti "enotri" in Etruria*, Studi di antichità in onore di G. Maetzke, II, Roma 1984, pp. 262-263, note nn. 24-28.

[50] Vedi nota 5, pp. 264-265, note nn. 30-34.

[51] A. M. Bietti Sestieri, *Rapporti e scambi fra le genti indigene fra l'età del bronzo e la prima età del ferro nelle zone della colonizzazione*, Magna Grecia. Il Mediterraneo le metropoleis e la fondazione delle colonie, Milano 1985, pp. 120-126.

elementi li accomunano, ma siano presenti, come, ad esempio, la ceramica enotria meridionale rinvenuta in alcune tombe etrusche.

Non è anomala la presenza di tale tipo di commercio in queste regioni e, soprattutto, nel periodo di cui si parla poiché delle vie di comunicazione attraverso le valli fluviali vengono tracciate già durante l'età del bronzo, per permettere i collegamenti sia tra i due versanti dell'Appennino che tra la costa e l'interno. Queste vie nacquero dalla necessità di permettere la transumanza, modificandosi col tempo nelle funzioni d'uso ma restando attive per tutto il corso dell'età del ferro, e non solo.

Le principali vie fluviali longitudinali utilizzate sono le valli dei fiumi della Basilicata e della Calabria orientale (Bradano, Basento, Agri) ed alcune valli interne come quelle del Sacco – Liri – Garigliano, fra Lazio e Campania, e del Tanagro fra la Campania Meridionale e la Basilicata. La Sestieri ritiene che nel corso del Protoappenninico B i contatti fra le comunità indigene dell'Italia meridionale siano strettamente culturali, piuttosto che economici, e che le similitudini fra i vari aspetti culturali siano dovuti proprio alle frequentazioni legate alla transumanza che, inevitabilmente, metteva in contatto popoli che vivevano anche a notevole distanza[52].

A questo punto possiamo passare alla Puglia, regione interessata molto più direttamente dalla colonizzazione greca e, soprattutto, dalla pre–colonizzazione che ha riguardato maggiormente Taranto e le località limitrofe come Porto Perone, Leporano e Scoglio del Tonno. Di questa fase "primitiva" restano importanti rinvenimenti ceramici (circa 750 frammenti), classificati dal Taylour, appartenenti al miceneo III A al III B e III C, a partire dalla metà fino alla fine del secondo millennio a. C.[53].

La ceramica a tenda è presente in questa regione già alla fine del IX sec. a. C., dagli inizi della sua produzione, affiancata al geometrico iapigio.

La situazione della Puglia appare piuttosto eterogenea proprio per la presenza di elementi greci e micenei tanto nella sua cultura quanto nella produzione vascolare, e soprattutto perché la ceramica a tenda si affianca sempre al geometrico iapigio ed alla ceramica micenea; ne sono esempi la stessa Taranto con i rinvenimenti del deposito di

---

[52] Eadem 1985, pp. 85-126.

[53] W. Taylour, *Mycenean Pottery in Italy and adjacent areas*, Cambridge 1958; F. Biancofiore, *La ceramica micenea dello Scoglio del Tonno e la civiltà del bronzo tardo nell'Italia meridionale*, Rivista Istituto Archeologia e Storia dell'Arte, N. S. VII (1958), pp. 5-44.

Borgo Nuovo e Scoglio del Tonno, ma anche Salapia, Otranto, Monte Saraceno per citare i maggiori, e poi Altamura, Gioia del Colle e Coppa Nevigata (quest'ultima località ha però restituito, per il momento, un solo frammento di ceramica con decorazione a tenda)[54].

L'età del ferro in Puglia è conosciuta in modo piuttosto frammentario: una delle caratteristiche salienti, dovuta alla sua posizione geografica, è la 'predisposizione' ai contatti con la penisola balcanica, documentati e frequenti già nell'età del bronzo, maggiormente evidenti nella produzione dei metalli e nel frequente uso della tomba a tumulo, per altro tipica anche del Materano e della Sibaritide. Alcune differenze si possono segnalare nel promontorio del Gargano, quindi in Daunia, evidenziate dagli scavi della città di Salapia che hanno rimesso in luce l'abitato capannicolo e la necropoli con tombe sia a fossa che ad *enchytrismos* e in Peucezia, dove invece è tipico il seppellimento in tombe a tumulo.

L'unica area indagata sistematicamente è quella che si affaccia sul golfo di Taranto (Tav. XXII, fig. 1-4), nella quale sono stati individuati centri che mantengono continuità di vita dall'età del bronzo, con contatti con l'ambiente miceneo, fino all'età del ferro (le località sono quelle più volte citate di Scoglio del Tonno, Porto Perone, Porto Cesareo, Torre Castelluccia). Anche in Puglia, come nel resto dell'Italia meridionale ed in particolare in Basilicata, è questo il periodo in cui avvengono cambiamenti e differenziazioni a vari livelli; nelle comunità vengono definiti ruoli e funzioni, gli uomini possono essere guerrieri e portare le armi oppure artigiani, metallurghi e ceramisti ed hanno funzione ben diversa dalle donne. Le comunità possono essere di dimensioni maggiori o minori ed anche qui c'è lo sviluppo di una primitiva identità nazionale, di conseguenza anche i rapporti commerciali vengono visti sotto un'altra ottica e sviluppati.

La ceramica a tenda, in questa regione sicuramente non viene prodotta, ma importata dalla Basilicata ed affiancata alla ceramica geometrica iapigia che, invece, qui trova il suo centro produttivo ed è rinvenuta in percentuale maggiore. A testimonianza di ciò, si possono portare gli esempi, già citati, di Altamura, Salaria e Monte Saraceno mentre per quanto riguarda Gioia del Colle possiamo solo ritenere che gli oggetti conservati nel

---

[54] W. Taylour 1958, pp. 163-164, fig. 15, n. 26.

Museo di Bari provengano da detta località dando credito al Gervasio che ci riporta tale notizia. Va precisato, però, che la persona dalla quale egli ha acquistato gli oggetti si era anche recata a Taranto per acquisire del materiale e quindi gli oggetti in questione potrebbero avere provenienza tarantina.

Si tratta di una tazza con breve orlo espanso, corpo poco panciuto, basso piede a disco, ansa verticale a nastro. La decorazione è posta sulla spalla e presenta il triangolo centrale risparmiato.

Un'olla biconica con orlo estroflesso, collo e corpo conici con spalla distinta, basso piede a disco ed anse orizzontali poste sul diametro massimo del corpo. La decorazione è posta sulla spalla tra le due anse e presenta il triangolo centrale risparmiato; compaiono come riempitivi linee tremule e coppie di linee rette che si intersecano, mentre nel registro superiore sono rappresentate linee puntinate equidistanti.

Un'olla globulare con bocca ad orlo estroflesso, corpo a profilo continuo, basso piede a disco, due anse verticali impostate sulla spalla. La decorazione, anche qui, è posta fra le due anse e presenta il triangolo centrale pieno. Sono utilizzati come riempitivi ai lati della decorazione a tenda due gruppi di linee triple parallele tra loro. Nel registro superiore troviamo tre linee puntinate equidistanti (Tav. XXIII, fig. 1-3)[55].

Ad Altamura, sono stati rinvenuti frammenti di ceramica a tenda elegante e dell'evoluzione del tipo che appartiene all'ultima categoria in un insediamento capannicolo scavato dal Ponzetti al di sotto del Museo, nella buca 2 livello IV, nella buca 6 livelli I-II, nella buca 7 livelli II e VII ed in altre ancora, tutte riconducibili all'età del ferro (Tav. XXIV, fig. 1-2)[56].

A Salapia i dati in nostro possesso sono maggiori dal momento che sono stati scavati sia l'abitato che le tombe e sono stati recuperati vasi con decorazione a tenda elegante, sempre in numero percentualmente minore rispetto alla ceramica appartenente al protogeometrico iapigio solo nell'abitato. Quest'ultimo, si data tra il IX e l'VIII sec. a. C. ed è costituito da capanne con caratteristiche diverse rispetto a quelle della Basilicata, almeno nella pianta. Queste ultime a Salapia si presentano rettangolari,

[55] M. Gervasio, *Bronzi arcaici e ceramica geometrica nel Museo di Bari*, Bari 1921, p. 298, fig. 71 e 72.
[56] F. M. Ponzetti, *L'insediamento capannicolo pre – protostorico di 'La Croce' (Altamura) e il suo divenire un centro urbano peucetico fortificato*, Atti V Convegno Comuni Messapici, Peuceti e Dauni, Altamura 1973, Bari 1980, p. 238 sgg., figg. 32, 37.

precedute da portico, con la parete di fondo absidata o rettilinea, mentre in Basilicata le capanne sono per lo più a pianta ovale.

I rinvenimenti ceramici non sono stati tutti individuati in strati di giacitura primaria, ma nel terreno smosso già in più occasioni, per cui la datazione è stata possibile solo in una trincea in cui gli strati risultano essere stati manomessi di meno. Il dato che è emerso è che gli oggetti con decorazione a tenda e pseudotenda provengono da livelli inferiori, e quindi databili all'incirca al IX sec. a. C., mentre quelli relativi ad altre classi ceramiche all'VIII sec. a. C. (Tav. XXV, figg. 1-5).

Le tombe non sono particolarmente numerose ed appartengono a tre tipologie: a fossa rettangolare, a tumulo e ad *enchytrismos*. In ogni caso, i corredi presentano quasi esclusivamente oggetti in bronzo, preferiti alla ceramica. Per trovarne bisogna volgersi agli abitati, come già abbiamo avuto occasione di accennare[57].

La località di *Satyrion*, oggi Porto Saturo, è citata sempre insieme a Taranto per una serie di avvenimenti comuni sui quali non è opportuno dilungarsi in questa sede[58]. Quello che ora interessa è il fatto che molti autori annotino la presenza di ceramica a tenda anche in questa località. In realtà si tratta di protogeometrico iapigio con caratteristiche simili nella rappresentazione di angoli multipli e triangoli reticolati tipici di questo stile. Comunque, non è di scarsa importanza questo elemento di comunione, come non lo è il fatto che questo stile protogeometrico sia spesso accompagnato da ceramica micenea (e, vista la zona, non potrebbe essere altrimenti) e di questo si avrà modo di discutere in seguito.

Per quel che riguarda Otranto ed anche Termitito, ci troviamo di fronte ad una situazione simile, con ceramica realmente di tipo a tenda associata alla protogeometrica iapigia che si avvicina alla tenda per il motivo ad angoli iscritti (essi, comunque, sono più simili a triangoli uno dentro l'altro che alla vera tenda molto più particolare nella resa degli angoli più arcuati). Per quanto riguarda Otranto in particolare avremo modo di vedere in seguito come proprio in questa località sia possibile, secondo l'Yntema,

---

[57] Per ulteriori approfondimenti vedi: F. Tinè Bertocchi, *Formazione della civiltà daunia dal X al VI sec. a. C.*, Atti del Colloquio Internazionale di Preistoria e Protostoria della Daunia, Firenze 1975, pp. 271-285, tavv. 67-68; M. A. Alberti, A. Bettini, I. Lorenzi, *Salapia (Foggia). Notizia preliminare sugli scavi nella città daunia di Salapia. Campagna 1978-1979*, in NSc XXXV, 1981, pp. 159-182.
[58] Per una migliore conoscenza degli avvenimenti vedi: F. G. Lo Porto, *Satyrion*, NSc 1964, pp. 177-279.

tracciare tutto lo sviluppo della tenda dalle origini al motivo definitivo (Tav. XXVI, figg. 1-2).

A Termitito, in particolare, scavi al di sotto di una villa romana hanno rivelato sia uno strato greco con tracce di abitazioni e materiale arcaico di provenienza sirita, sia uno strato indigeno (di fianco ed al di sotto di quest'ultimo), con ceramica a tenda e di tipo geometrico enotrio e iapigio, che i precedenti scavi del 1973/1974 avevano appena intaccato[59]. Gli scavi degli anni Ottanta sono stati mirati a comprendere le fasi di vita dell'abitato che era protetto da un sistema difensivo rudimentale del quale era stato possibile datare solo la distruzione intorno al VII sec. a. C.. Gli scavi suddetti hanno datato l'inizio dell'urbanizzazione del sito alla fase avanzata del Miceneo III B ed a tutto il Miceneo III C (inizi nel XIII sec. a. C.). La particolarità che è emersa è che nel sito la ceramica importata supera, anche se non è un dato assoluto, la presenza di ceramica indigena, fino all'introduzione della ceramica enotria e iapigia dell'età del ferro che risulta non prodotta *in loco* a causa della diversità delle forme e delle argille utilizzate. Termitito è l'unico centro della Basilicata in cui è stata rinvenuta una tale abbondanza di ceramica micenea[60].

Non cambia la situazione per Gravina di Puglia, in cui compare, come per Salapia ed Altamura, la ceramica con decorazione a tenda contestualmente al protogeometrico iapigio. Di Gravina di Puglia è stato indagato il sito di Parco S. Stefano, che ha restituito tracce di un abitato e di una necropoli databili all'età del ferro. La ceramica qui rinvenuta è sia di impasto che geometrica: per la prima fase è documentata sia ceramica tardo micenea che ceramica appartenente al geometrico e protogeometrico iapigio. Lo Small distingue i due stili ritenendo il geometrico di migliore esecuzione sia decorativa che formale, con molti motivi spesso desunti dalle influenze della ceramica greca. I materiali della fase I di Gravina, sono confrontabili con quelli del deposito di Borgo Nuovo di Taranto sia per le forme che per le decorazioni (triangoli concentrici e riempiti a reticolo, chevrons, gruppi di zigzag verticali, etc.). Un altro punto di contatto è la presenza di ceramica a tenda che lo Small ritiene opportuno datare sull'esempio dei rinvenimenti di Sala Consilina, e considera gli esempi più antichi di Sala imitazioni

---

[59] D. Adamesteanu, *Termitito*, St. Etr. XLVI 1978, p. 557.
[60] S. Bianco, A. De Siena, Termitito, Magna Grecia e Mondo miceneo, Taranto 1982, pp. 69-98; A. De Siena, Termitito, Campagna di scavo 1982, Magna Grecia e mondo miceneo, atti del XXII Convegno di Studi sulla Magna Grecia, Taranto 1982, pp. 125-131.

locali di vasi di qualità superiore i cui prototipi sono certamente più antichi. Questi prodotti di imitazione locale daterebbero le abitazioni di Gravina nn. 4 e 5 al IX sec. a. C., sempre sulla base della datazione di Sala Consilina I B; da notare che in queste abitazioni non compare la tenda tarda che invece troviamo nella valle del Basento ed a Pisticci. La decorazione, soprattutto quella a tenda si arricchisce di riempitivi desunti dalla ceramica geometrica greca come i gruppi di losanghe e questi sono elementi che si ritroveranno nella fase II di Gravina insieme ad altri motivi. Small ritiene che i migliori frammenti di vasi con decorazione a tenda siano importati dalla valle del Basento, mentre i frammenti con la tenda meno accurata ed incerta siano delle imitazioni locali e questo principio dovrebbe valere per tutti i rinvenimenti della Puglia. Tra l'altro gli esempi migliori, sempre secondo Small, dovrebbero essere stati prodotti e decorati al tornio lento, al contrario di quanto afferma Ruby, secondo il quale sarebbero invece ottenuti a mano (Tav. XXVII, nn. 1-5, Tav. XXVIII, nn. 1-7, Tav. XXIX, nn. 1-3)[61].

Il sito garganico di Monte Saraceno rappresenta, forse, l'ultima propaggine in cui è stata rinvenuta la ceramica a tenda, sebbene del tipo definito 'a falsa tenda'. Le ceramiche a cui si fa riferimento sono custodite nella Collezione Sansone ed anch'esse ben rappresentano la commistione tra elementi della ceramica di tipo subgeometrico dauno ed un motivo ben più antico ma, evidentemente, ancora attuale che è quello a tenda.
Il materiale della Collezione Sansone, notificato alla Soprintendenza, è stato raccolto dal Dott. Matteo Sansone, farmacista con la passione per l'archeologia, di Mattinata (Foggia) sul Gargano ed è frutto sia di scavi archeologici eseguiti per conto della Soprintendendenza che di donazioni private.
Gli scavi sistematici condotti dal Sansone hanno interessato tutto il promontorio di Monte Saraceno sin dagli anni Cinquanta portando alla luce sia l'ampio abitato, corredato da strutture difensive, che la necropoli, piuttosto vasta ed organizzata in distinti nuclei cimiteriali. L'arco cronologico in cui si evolve questo sito protostorico parte dalla fine dell'età del Bronzo e giunge fino agli inizi del VI sec. a. C..
Gli oggetti della Collezione Sansone che ci riguardano sono cinque olle che riportano il motivo della tenda sulla spalla tra le due anse, come gli esemplari lucani che conosciamo ma con delle variazioni, a volte, significative.
La prima che si vuole presentare è un'olla biansata con bocca svasata ed orlo estroflesso lacunoso, spalla arrotondata, corpo globoso, fondo piatto ed anse a bastoncello

---

[61] J. Du Plat Taylor, P. G. Dorrel, Alastair Small, Gravina di Puglia III, PBSR XLIV, 1976, pp. 48-132, Pl. XVII-XXII.

impostate quasi verticalmente nel punto di incontro della spalla col corpo. La decorazione monocroma è del tipo a falsa tenda che conserva però nel triangolo più esterno un certo spessore ed anche una leggera concavità sui due lati, caratteristica del motivo a tenda elegante ed in effetti delle cinque olle sembrerebbe essere la più antica ma di ciò non si può essere sicuri dal momento che in Puglia la decorazione a tenda e le decorazioni del subgeometrico daunio coesistono (Tav. XXX, fig.1)[62].

La seconda olla è anch'essa biansata con alto labbro a profilo leggermente convesso inclinato all'esterno con orlo estroflesso, corpo globulare, fondo piatto e anse a bastoncello impostate sulla spalla. La decorazione monocroma si trova sulla spalla e si presenta più complessa e caratterizzata da elementi sintattici del subgeometrico daunio identificabili nelle sottili linee verticali che danno una cadenza ritmica alla decorazione in cui la falsa tenda, di dimensioni ridotte rispetto al solito, fa da intercalare sulla fronte e sul retro del vaso ed appare più come un triangolo riempito che come una tenda vera e propria (Tav. XXX, fig. 2)[63].

La terza olla è biansata con ampio labbro, corpo globulare compresso, fondo piatto, due anse a bastoncello impostate sulla spalla ed alternate a due mani. La decorazione si trova ancora sulla spalla, ma è bicroma e caratterizzata da linee curve internamente al labbro, fasce orizzontali parallele, spazi metopali fra le anse e le mani campite da tre rettangoli in rosso, un tremulo sul corpo al di sotto delle anse. La decorazione à tenda è ormai ridotta ad un triangolo con una linea tremula sull'apice e ormai quasi del tutto assimilata allo stile subgeometrico dauno salvo nella conservazione della posizione del triangolo sulla spalla nelle facce anteriore e posteriore del vaso (Tav. XXX, fig. 3)[64].

La quarta olla è conforme alla precedente per quel che riguarda la decorazione, presenta labbro estroflesso, corpo globulare, fondo piatto e due anse a bastoncello di cui una mancante, impostate sulla spalla. La decorazione risulta monocroma ma simile alla precedente per l'impostazione e per la sintassi; infatti, compaiono di nuovo i campi metopali ed il motivo a tenda ormai falsa è reso sia nelle facce anteriore e posteriore che

[62] Mattinata – Collezione Sansone, inv. n° 1512. Cfr. E. M. De Juliis, *Ordona (Foggia). Scavi della necropoli*, in NSc XXVII, 1973, pp. 285-399, Tav. II, inv. n°132215; Tav. III, inv. n°132474; R. Iker, *Ordona VII – 1. Les Tombes Dauniennes.*Bruxelles – Roma 1984, Tav. 36.

[63] Mattinata – Collezione Sansone, inv. n°2387. Cfr. De Juliis 1973, Tav. II, fig. 17-1, p. 292; Tav. V, fig. 12-1, p. 294 ; Idem, *La ceramica geometrica della Daunia*, Firenze 1977, p. 81 sgg., Tav. XLII, fig. 126; Iker 1984, Tav. 27, fig. 1, p. 88; Tav. 28, fig.1, p. 102; Tav. 36, fig. 1, p. 107

[64] Mattinata – Collezione Sansone, inv. n° 2376. Cfr. De Juliis 1973, Tav. V, fig. 12-1, inv. n°132227; Tav. XII, fig. 31-1; Idem 1977, Tav. IV, fig. 35; Tav. XLII, fig. 126; Iker 1984, Tav. 27, 28.

al di sopra delle anse ed è caratterizzato da un apice fortemente allungato a toccare la campitura superiore (Tav. XXXI, fig. 1)[65].

L'ultima olla della Collezione Sansone con decoro a tenda è maggiormente rispondente al modello originale lucano anche se appare molto più rigido nell'esecuzione. Trattasi di un'olla biansata con ampio labbro, corpo globoso, due anse a bastoncello di cui una mancante, impostate al di sotto della spalla. La decorazione si sviluppa sempre sulla spalla al di sopra delle anse ed è caratterizzata ancora da spazi metopali intervallati al motivo a falsa tenda che risulta composto da due triangoli uno nell'altro dei quali, all'apice del più esterno, sono state dipinte tre linee che si congiungono alla campitura superiore. Alla base della decorazione a tenda si sviluppa una teoria di cinque fasce di dimensione variabile. Una decorazione composita la troviamo anche sull'ampio labbro (Tav. XXXI, fig. 2)[66].

Come si può facilmente notare, nelle olle presentate il motivo a tenda è stato assorbito e rielaborato in maniera propria in territorio dauno, pur conservando alcune caratteristiche peculiari che lo rendono inconfondibile. Ci troviamo, comunque, ancora dinanzi a vasi modellati e dipinti a mano la cui datazione, in base alle caratteristiche ed ai confronti, va dal 550 al 440 a. C. e come stile si inserisce nel subgeometrico daunio II.

E' difficile prendere delle posizioni su argomenti così complessi e di non facile risoluzione, ma fino a quando non verranno riportati alla luce materiali meglio attribuibili il problema resterà lo stesso, anche se ritengo fuor di dubbio che località, come ad esempio Gravina, importassero la ceramica a tenda mentre di propria produzione è quella di stile iapigio o comunque locale.

Ad Ordona, la ceramica presente nell'abitato e nelle tombe è, per lo più, di stile dauno e la ceramica a tenda è stata rinvenuta solo nella tipologia che prelude alla cessazione della produzione di tale tipo decorativo; infatti, la tomba a fossa da cui proviene l'olla alla quale si fa riferimento, è datata all'ultimo quarto del VI sec. a. C., quando la produzione si è già spostata nel materano ed è in via di esaurimento. Questa tomba fu rinvenuta insieme ad un'altra durante lo scavo per le fondazioni di una nuova abitazione

---

[65] Mattinata – Collezione Sansone, inv. n° 1441. Cfr. De Juliis 1973, Tav. II, inv. n° 132215; Tav. III, inv. n° 132474; Tav. XI, inv. n° 132231; Idem 1977, Tav. I, fig. 12, Tav. XLII, fig. 126; Iker 1984, p. 144, Tav. 35, Tav. 36, fig. 35-3.
[66] Mattinata – Collezione Sansone, inv. n° 800. Cfr. De Juliis 1973, Tav. XIII, inv. n° 132322 ; Idem 1977, Tav. II, fig. 23; Tav. XLII, fig. 126.

ad Ordona. Il corredo che ci riguarda era composto dalla suddetta olla con decorazione a tenda bruna con labbro breve, inclinato all'esterno, corpo globulare, anse a bastoncello e da un attingitoio posto all'interno dell'olla in argilla acroma con labbro appena inclinato all'esterno, ampia e bassa vasca, ansa a nastro con due piccoli apici ai lati, nel culmine[67]. L'olla che viene presentata, è stata inserita dal De Juliis nello stile Daunio II che, va dal VI sec. a.C. alla fine del V sec. a. C.. Secondo il De Juliis quello della tenda è un motivo costituente la ceramica dauna e nel Dauno II, insieme con il motivo "a coda di rondine", è ben curata e solo nel secolo successivo non viene più rappresentato a vantaggio delle decorazioni presenti sulla ceramica bicroma[68].

L'ultima area del sud Italia in cui viene esportata la ceramica a tenda è la Calabria ionica o meglio, per essere più precisi, la Sibaritide. Le località principali interessate sono: Francavilla Marittima, Castrovillari, Torre Mordillo ed Amendolara.

Le affinità fra le due regioni (Basilicata e Calabria) sono molteplici e investono gran parte della loro cultura, a cominciare dai riti e dai tipi di sepoltura, con tombe a tumulo fino alla ricchezza dei materiali in bronzo presenti nei corredi. I contatti, senza dubbio, sono stati favoriti dalla vicinanza della due regioni che ha permesso scambi diretti.

I rinvenimenti di ceramica a tenda sia in Calabria che in Etruria sono stati effettuati in contesti tombali, come ad esempio nella necropoli di Macchiabate di Francavilla Marittima in cui è ritornata alla luce un'olla biconica arrotondata in cui la tenda è resa con una vernice bruna evanida, mentre in Etruria e nell'area laziale gli esemplari sono meglio conservati e decorati con il tipo della tenda elegante (Tav. XXXII, fig. 1)[69].

Dalla tomba femminile a fossa con loculo 113 della necropoli delle Saliere di Capena proviene una brocchetta in argilla figulina con decorazione in cattivo stato di conservazione che era inserita in un contesto tombale in associazione con delle fibule a

---

[67] E. M. De Juliis, *Recenti rinvenimenti protostorici nella Daunia*, Atti del Colloquio Internazionale di Preistoria e Protostoria della Daunia, Firenze 1975, pp. 320-325.

[68] E. M. De Juliis, *Centri di produzione ed aree di diffusione commerciale della ceramica daunia di stile geometrico*, ArchStorPugl 31, 1978, pp. 3-23.

[69] P. Zancani Montuoro, *Francavilla Marittima. Necropoli di Macchiabate*, Atti Magna Grecia, XVIII-XX (1977-1979), p. 18, n. 1, Tav. VIII b; p. 89, fig. 35, imitazioni locali.

navicella inquadrabili, secondo il Colonna, nelle fasi III di Roma e IIB iniziale di Veio, quindi databili all'VIII – VII sec. a. C.[70].

Da Vulci proviene, invece, una brocchetta sporadica che presenta una particolare decorazione al di sotto della tenda elegante caratterizzata da una serie di cinque tratti verticali posti ad intervalli regolari che non trova riscontro negli elementi decorativi aggiuntivi fino ad ora conosciuti (Tav. XXXIII, Vulci, fig. 1)[71].

Da Tarquinia provengono due vasi con decorazione a tenda il primo dei quali è stato rinvenuto nella necropoli di Poggio Selciatello di Sopra, tomba 140. Si tratta di una brocca particolare per la forma dell'ansa sulla quale è stato aggiunto come ulteriore ornamento un "bottone", dettaglio che non trova riscontro in nessun altro oggetto fino ad oggi conosciuto, almeno in ciò che è stato fino ad ora pubblicato. Il motivo a tenda compare sul corpo della brocca campito da una fascia reticolata a mo' di cesura che si ritrova anche nel registro decorativo superiore (Tav. XXXIII, Tarquinia, fig. 1). Nel corredo sono presenti anche fibule a navicella a staffa corta della fase II di Tarquinia (Villanoviano II A) che determinano la datazione all'ultimo quarto dell'VIII sec. a. C.[72].

Il secondo vaso con decorazione a tenda rinvenuto a Tarquinia proviene dalla tomba 78 di Poggio dell'Impiccato ed è una tazza sulla quale la decorazione è stata ben visibile ed identificabile solo dopo essere stata restaurata e liberata dalle incrostazioni che fino ad allora non ne avevano reso possibile una analisi dettagliata. La tazza è in argilla gialla e presenta alcune lacune sul corpo reintegrate. Il labbro è svasato, il corpo è di forma globulare schiacciata e il fondo sagomato. L'ansa si presenta a bastoncello, impostata verticalmente sulla spalla, nella metà inferiore è a nastro, probabilmente ad occhiello nella parte superiore. Sull'attacco inferiore dell'ansa un forellino indica, forse, un restauro antico.

La decorazione dipinta in bruno appare limitata alla parte superiore del vaso: all'esterno del labbro vi sono due fasce orizzontali che racchiudono una zona risparmiata; sul corpo

[70] G. Colonna, *Ceramica geometrica dell'Italia meridionale nell'area etrusca, Aspetti e problemi dell'Etruria interna*, VIII Convegno Nazionale di Studi Etruschi e Italici 1972, Firenze 1975, pp. 297-302.

[71] K. Kilian, *Untersuchungen zu Früheisenzeitlichen Gräbern aus dem Vallo di Diano*, 10tes Erganzungsheft der Mitteilungen des deutschen archäologischen Instituts Rom, Heidelberg 1964, p. 97, tav. 15, 2 (il numero riportato sul testo è riferito erroneamente alla brocca di Tarquinia.

[72] K. Kilian 1964, pp. 135-136, tav. 15, 1 (il numero riportato sul testo è riferito erroneamente alla brocca di Vulci); H. Hencken, *Tarquinia – Villanovan and Early Etruscans*, Cambridge Mass 1968, p. 141 sgg., figg. 130-131, p. 144 sgg., fig. 133.

compaiono tre ornati a motivi geometrici divisi tra loro da fasce parallele: dall'alto scendono una serie di meandri interrotti, una doppia linea a zigzag e un ornato a schema metopale composto di gruppi di trattini verticali che racchiudono una zona risparmiata; all'interno sul labbro sono rappresentati cinque triangoli radiali.

La tazzina è stata studiata dalla Bartoloni che fornisce dettagli e confronti puntuali con vasi simili per forma e decorazione della Lucania e di Sala Consilina e data la tomba al Villanoviano II A, come l'altra tomba di Tarquinia di cui si è detto. La studiosa non ritiene che si possa parlare ancora di commercio diretto fra Etruria e Lucania, bensì che tutti gli esemplari rinvenuti in Etruria Meridionale siano arrivati tramite i contatti con i centri dell'agro picentino[73].

La diffusione della ceramica a tenda, apparentemente, si ferma in Etruria e gli esemplari rinvenuti sono davvero pochi così che questa presenza si può considerare un avvenimento occasionale che non ha portato ad un commercio più esteso, a meno di una secca smentita da parte di nuovi rinvenimenti negli scavi[74].

---

[73] G. Bartoloni, Nota su una tazza enotrio-geometrica proveniente da Tarquinia, Archeologia Classica 23, 1971, pp. 252-257, Tavv. LXVIII-LXXI, fig. 1.
[74] Quello della presenza di ceramica enotria in area etrusca non è un problema da poco tanto che gli studiosi si sono a lungo dibattuti per poter arrivare ad una conclusione che sembra lontana da venire. Per una sintesi delle tesi dei vari studiosi vedi: B. D'Agostino, *Nuovi apporti della documentazione archeologica nell'agro picentino*, St. Etr. XXXIII (1965), p. 676 ss.; G. Bartoloni, *Nota su una tazza enotrio – geometrica proveniente da Tarquinia*, ArcCl XXIII (1971), pp. 252-257; Bietti Sestieri 1985; Delpino 1984-1986.

Le forme sulle quali viene dipinto il motivo a tenda sono quelle tipiche della cultura appenninica. La sola produzione di Sala Consilina ha rivelato forme nuove, probabilmente a causa del diverso sostrato culturale più legato alle influenze campane. Esse sono:

- urne o olle biconiche, bocca con orlo estroflesso, alto collo conico, corpo globulare, basso piede a disco e due anse in posizione obliqua impostate sul diametro massimo del vaso (Tav. XXXIV, fig. 1);
- brocche a corpo panciuto, bocca con orlo estroflesso, collo conico alto o basso, corpo globulare, basso piede a disco e ansa verticale impostata tra l'orlo e la spalla (Tav. XXXIV, 2-3);
- scodelloni con orlo rientrante e piede a disco, ansa orizzontale ma in posizione obliqua sul diametro massimo della scodella (Tav. XXXIV, fig. 4);
- tazze con orlo rientrante e fondo piatto o con basso piede a disco, con ansa orizzontale posta in posizione obliqua rispetto al corpo sul diametro massimo (Tav. XXXIV, fig. 5);
- olle con bocca ad orlo estroflesso, collo e corpo conico con spalla distinta, basso piede a disco e ansa posta verticalmente sul diametro massimo del corpo (Tav. XXXIV, fig. 6);
- olle globulari, bocca con orlo estroflesso, corpo a profilo continuo, basso piede a disco, due anse verticali impostate sulla spalla (Tav. XXXIV, fig. 7).

A queste forme si aggiungono crateri, *askoi* e ciotole. Tipologicamente sia gli *askoi* che i crateri sono forme che hanno una diffusione limitata a poche località quali Sala Consilina (*askoi*), Salapia e Otranto (ciotole), le altre tipologie si riscontrano nelle località ormai note del sud Italia[75].

Particolare attenzione bisogna dedicare ai vasi rinvenuti in Etruria poiché si potrebbe trarre da essi una conclusione interessante. Parliamo di due brocche, l'una proveniente da Tarquinia e l'altra da Vulci che si discostano dalle tipologie fino ad ora considerate. La brocca di Tarquinia ha un'ansa che si trova impostata all'interno del collo e presenta una sorta di "bottone" quasi a voler riprendere le forme delle brocche bronzee, l'altra proveniente da Vulci presenta una decorazione che non è ancora stata riscontrata in vasi

---

[75] Si ricorda ancora che in questa sede si tiene conto esclusivamente del materiale edito, quindi ogni smentita può essere possibile in qualsiasi momento.

venuti alla luce, in quanto presenta al di sotto della tenda una fascia risparmiata caratterizzata da una serie di cinque tratteggi verticali equamente distanziati e compresi tra due linee brune[76]. Abbiamo già avuto modo di parlare dei rapporti esistenti con l'Etruria e quindi non sembra fuori luogo ipotizzare in queste trasposizioni dalle tipologie vascolari bronzee in quelle figuline e nell'aggiunta di un nuovo elemento decorativo un dono, nel senso proprio del termine, a personaggi locali per rendere omaggio per qualche motivo a noi sconosciuto. Ciò, se corrispondesse a verità, sarebbe un elemento di distinzione maggiore per i ceramografi campani o lucani.

La fattura dei vasi, di qualsiasi forma e provenienza, è molto accurata nonostante la ceramica non sia tornita, ma modellata a mano. Le parti che compongono ciascun vaso risultano realizzate in maniera distinta le une dalle altre e poi assemblate prima che terminassero di seccare. Le imperfezioni che comparivano inevitabilmente sui vasi dopo l'assemblaggio erano lisciate a stecca e questa tecnica è particolarmente evidente sulle superfici interne del vaso. Se permaneva qualche imperfezione all'esterno, questa veniva eliminata utilizzando, presumibilmente, una spugna bagnata. L'argilla risulta di varie tonalità dal beige al rosa al giallino, in base alla composizione e provenienza della stessa e la superficie esterna per lo più veniva coperta da una leggera ingubbiatura dalle stesse tonalità o grigia, mentre la decorazione veniva realizzata in un colore bruno, opaco. La cottura avveniva in atmosfera ossidante a 800-900° C.[77].

La decorazione, solitamente, interessa la metà superiore del vaso, la spalla tra le due anse o al di sopra delle stesse su entrambi i lati nel caso delle urne o delle olle, mentre per le forme quali tazza, scodellone e attingitoio che hanno una sola ansa e l'orlo impostato sul corpo, la decorazione si trova solo su un lato, posta in posizione orizzontale, sempre all'altezza dell'ansa. Solitamente la tenda è realizzata su un solo registro, ma non mancano casi a Sala Consilina in cui la tenda è presente su due registri[78]. La decorazione accessoria è molto varia. In genere sul collo delle brocche ed anche delle urne biconiche troviamo linee spezzate o zigzag, cerchi penduli o tremuli o anche losanghe verticali come, ad esempio, nelle urne di San Leonardo di Pisticci (Tav. XXXV, terza fila, nn. 1-7, nona, decima, undicesima e dodicesima fila, nn. 5-13)[79]. Le

---

[76] Bartoloni 1971; Delpino 1984; Colonna 1974.
[77] Per maggiori dettagli tecnici si veda: P. Ruby, *Les questions de la tente: pour une approche tecnologique de la ceramique "a tenda"*, MEFR 1988, pp. 649-683.
[78] Kiilian 1964, beilage 23, Pl. 3.2.
[79] F. G. Lo Porto, NSc 1969, 146-147.

zone che restavano prive di decorazione erano sempre "riempite" in qualche modo e ciò avviene anche per gli spazi vicini alla decorazione a tenda che spesso si accompagna a piccole svastiche, rosette stilizzate, frecce, stelline nella maggior parte dei casi dipendenti da linee puntinate (Tav. XXXV, quinta fila, nn. 1-12, sesta fila, nn. 1-6); non mancano anche divisioni fra una tenda e l'altra costituite da linee verticali, zigzag, tremuli o altro (Tav. XXXV, quarta fila, nn. 1-8). In alcuni casi vengono rappresentate anche figure umane come nel cratere di S. Maria D'Anglona e nell'olla biconica di S. Leonardo di Pisticci[80], e l'uccello palustre in alcune varianti (Tav. XXXV, quarta fila, nn. 9-11) [81]. Da notare che, in particolare a Sala Consilina, quando la tenda viene dipinta all'interno dell'ansa, essa è crestata, cioè presenta sull'apice una specie di "ciuffetto" che può anche assumere l'aspetto di una palmetta o di una spiga (Tav. XXXV, settima fila, nn. 1-3, nona fila, n°3)[82]. Anche l'orlo, quando è estroflesso, presenta all'interno delle decorazioni che richiamano sempre il triangolo (Tav. XXXV, prima e seconda fila, nn. 1-7).

Rispetto alla produzione appenninica precedente si osserva un miglioramento nella esecuzione del vaso e delle varianti locali della decorazione. All'inizio dell'VIII sec. a. C. i centri produttori si moltiplicano partendo dal materano, allargandosi attraverso il Vallo di Diano a Sala Consilina (per quel che riguarda al Campania) da una parte, e attraverso la valle del Bradano ed il Melfese dall'altra verso la Puglia, aree queste ultime in cui vivrà parallelamente con la ceramica locale (geometrico iapigio).

Gli indizi dell'espansione della produzione di questa tipologia sono molti: le differenze nell'esecuzione della tenda, che può assumere un numero di angoli maggiore o minore, lo spazio lasciato vuoto nel triangolo più interno, i vari motivi accessori, spesso testimonianze di contatti culturali diversi.

Le differenze nell'esecuzione del motivo a tenda possono essere raggruppate in una classificazione che rispecchia, a volte, anche una cronologia specifica. Tale

---

[80] G. Tocco, *La Basilicata nell'età del ferro*, Atti della XX Riunione Scientifica dell'Istituto di Preistoria e Protostoria, p. 111, fig. 14 b (cratere della tomba 3 di S. Maria D'Anglona). F. G. Lo Porto, NSc 1969, p. 146, figg. 31-32 (olla biconica della tomba 2 di S. Leonardo di Pisticci).
[81] Ruby 1988, p. 671, fig. 8, nn. 9-11.
[82] Idem, Op. cit., p. 671, fig. 8, nn. 1-3 (panse IV).

classificazione è possibile basandosi sulla selezione per tipologie già evidenziata dalla Castoldi per i materiali dell'Incoronata di Metaponto[83]:

a) la prima può essere individuata nel tipo della 'tenda elegante' già definita dalla de La Genière nel suo studio monografico del 1968[84]. Il motivo è quello classico composto da angoli sovrapposti che si allargano progressivamente verso il profilo concavo e separati da linee sottili risparmiate; esso è caratterizzato dall'accuratezza del disegno. Non è possibile affermare se vi siano differenze di produzione in base alla resa di questo motivo e al numero degli angoli che è variabile sia in relazione ai differenti esecutori sia alla grandezza della superficie da decorare. In alcuni casi assistiamo alla presenza di un elemento accessorio che sembra essere tipico del Metapontino: due triangoli pendenti dalla linea di base della tenda diretti verso le anse come nell'esemplare pubblicato dalla Castoldi nel quale è aggiunto anche un airone come elemento decorativo[85]. Comunque, grazie all'eleganza che questa prima categoria decorativa manifesta, è la sola tipologia ad essere esportata. Questo primo gruppo può essere datato tra la fine del IX e la metà dell' VIII sec. a. C..

b) La seconda categoria può essere identificata nel motivo a tenda definito dalla de La Genière 'tenda grossolana'[86]. La caratteristica di questa variante è la scarsa accuratezza nella resa della decorazione che risulta imprecisa e spesso è ottenuta con tratti tremolanti; ciò in un primo momento, ha indotto gli studiosi a ritenere di trovarsi di fronte alla fase precedente il motivo a tenda elegante, ma in un secondo momento, si è constatato che le due tipologie sono contemporanee e che quindi i motivi di tali differenze sono altri. La datazione è la stessa che per la categoria della 'tenda elegante'.

c) La terza categoria riguarda il tipo cosiddetto "a tenda evoluta", che non è altro che una variazione nella sintassi decorativa della tenda elegante. Queste differenze sono maggiormente diffuse nell'area del Materano, e consistono soprattutto, nell'ingrossamento degli angoli che, a volte, sono anche in numero fortemente ridotto rispetto a quelli della tenda elegante. Le differenze che in questa sede sono elencate, non sono valide per Sala Consilina, in cui il motivo non subisce modifiche restando legato alla tenda grossolana ed elegante fino alla fine dell'VIII sec. a. C. quando cambierà del tutto il repertorio decorativo utilizzato per decorare i vasi[87]. A Sala Consilina la

---

[83] M. Castoldi, *La ceramica con decorazione 'a tenda' dell'Incoronata (Metaponto), Studi e ricerche archeologiche in Basilicata*, Quaderni di ACME 4, Milano 1984, pp. 16-36.
[84] J. de La Genière, *I più antichi vasi geometrici del Vallo di Diano*, RendAccNapoli XXXV (1960), pp. 121-122.
[85] Castoldi 1984, pp. 18-19, tav. VI.
[86] Vedi nota 5.
[87] J. de La Gènière, *Recherches sur l'âge du Fer en Italie méridionale, Sala Consilina*, Napoli 1968, pp. 42-43.

decorazione a tenda verrà riprodotta di nuovo solo su un vaso del II stile geometrico con l'intenzione di riprodurre un tema decorativo ripreso da un vaso più antico[88]. Nei vasi di questa categoria il triangolo centrale è ancora pieno ed è possibile datarli alla seconda metà dell'VIII sec. a. C..

d)   La quarta categoria, vede il motivo "a tenda evoluta" trasformarsi ancora mantenendo l'ispessimento degli angoli e il loro numero ridotto, ma aggiunge come novità il triangolo centrale vuoto. Inoltre, constatiamo anche la presenza di un elemento aggiuntivo caratterizzato da due triangoli allungati che partono dalla linea o fascia su cui poggia la tenda, quasi a voler creare un parallelo con i triangoli concentrici della tenda stessa. Questi "triangoli penduli" che troviamo anche utilizzati nella categoria della tenda elegante, ad esempio, all'Incoronata, possono assumere anche una forma arcuata e più sottile, come nell'esemplare di Timmari, oppure collegarsi direttamente all'ansa come, ad esempio, nell'olla biconica rinvenuta nella tomba 1 di S. Leonardo di Pisticci. Siamo già nel VII sec. a. C. e ricordiamo che conosciamo anche una fornace rinvenuta in Contrada Cammarella di Pisticci che ha restituito molti frammenti di questo genere[89].

e)   La quinta categoria può raggruppare in sé tutti i motivi ad angoli sovrapposti, leggermente concavi, con triangolo centrale pieno che si discostano dal motivo a tenda elegante (il vero motivo a tenda) per la mancanza della disposizione a raggiera degli angoli con l'inevitabile ispessimento dei lati verso la base e che sono stati definiti "a falsa tenda" dalla Castoldi che riporta come esempio lucano pubblicato quello dell'olla della tomba 2 di S. Leonardo di Pisticci in cui compaiono delle figure umane stilizzate[90]. La datazione in questo caso è varia poiché non si può riferire ad un periodo specifico, ma li abbraccia tutti.

f)   L'ultimo gruppo è costituito da tutti quei motivi ad angoli sovrapposti, multipli e non, che sono riconducibili alla decorazione a tenda almeno per alcuni aspetti. In questo gruppo possono essere inseriti alcuni frammenti rinvenuti alla Incoronata di Metaponto, a S. Maria D'Anglona, ad Amendolara e i rinvenimenti piuttosto particolari di San Nicola dei Greci di Matera, in cui il motivo della tenda si è del tutto trasformato e

---

[88] Tocco 1978, p. 113.

[89] F. G. Lo Porto, *Civiltà indigena e penetrazione greca nella Lucania orientale*, Mon.Ant.Linc., XLVIII 1973, pp. 155-157.

[90] Castoldi 1984, pp. 30-31, nota 47.

stilizzato tanto da concludersi ai lati con due 'riccioli'[91]. I materiali appartenenti a questo raggruppamento non sono cronologicamente determinabili con precisione, nel senso che appartengono a tutto il periodo compreso tra l'VIII ed il VII-VI sec. a. C.. In questa casistica includiamo anche gli esemplari definiti dalla Tocco "a tenda tarda" ravvisabili nei crateri di Montescaglioso ed Irsina che precedono gli esemplari con i 'riccioli' di Matera, nonché i frammenti di Altamura e Incoronata di Metaponto che riproducono una tenda con un grande triangolo centrale pieno compreso tra due fasce; alla base compare una linea ondulata che nel frammento dell'Incoronata è dipinta, ma in alcuni di quelli di Altamura compare sia dipinta che incisa[92].

Tutto il materiale pubblicato si può inserire in questa scansione ed il quadro appare ormai quasi del tutto completo. Che la produzione si sia sviluppata all'interno della costa ionica della Basilicata è un dato ormai assodato ed un ruolo fondamentale lo avrà avuto senz'altro il sito dell'Incoronata che sembra sia stato un emporio che aveva rapporti commerciali con le popolazioni indigene situate sulle colline della fascia costiera, ancora prima della fondazione di Siris da parte degli esuli di Colofone[93].

Meno certa è l'identificazione del prototipo di un motivo così complesso e quasi avulso dai temi decorativi precedenti. Non si può negare che si resta un po' sconcertati di fronte a questa improvvisa comparsa di ceramica figulina con un motivo decorativo già ben sviluppato e che riscuote gran successo, vista l'abbondanza dei rinvenimenti. E non si può pensare altro che ad un intervento esterno che ha in qualche modo "istruito" o ispirato queste genti.

Molte sono le teorie formulabili e formulate riguardo allo sviluppo di tale decorazione, ma quelle più plausibili sono cinque.

La prima è quella proposta dalla Tocco secondo la quale il prototipo del modello è già insito nelle brocche dipinte delle necropoli di Chiaromonte Serrone e S. Pasquale datate

[91] Per l'Incoronata e S. Maria D'Anglona vedi Castoldi - Malnati 1984, pp. 31-36, tavv. XVI, XIV. Per San Nicola dei Greci, M. G. Canosa, *Il Materano*, Siris Polieion, fonti letterarie e nuova documentazione archeologica, Galatina 1986, pp. 180-181, tav. 68.
[92] Castoldi 1984, pp. 31-32, Tav. XIX, fig. 1; Ponzetti 1988, pp. 241, fig. 32, 249, fig. 37.
[93] P. Orlandini, *Fase precoloniale nella Basilicata sud – orientale ed il problema dell'Incoronata*, Siris – Polieion, fonti letterarie e nuova documentazione archeologica, Galatina 1986, pp. 49-54.

al IX sec. a. C.[94]. Nelle brocche in questione la decorazione è realizzata sulla spalla e riproduce angoli iscritti uno nell'altro in modo tale da sembrare proprio il prototipo del motivo a tenda. Dello stesso avviso è l'Yntema, che nota lo stesso fenomeno a Sala Consilina ed Otranto, e che anzi, ritiene che Otranto sia un esempio paradigmatico per lo sviluppo di questa tipologia decorativa che dal motivo a triangoli diviene tenda vera e propria; inoltre nota, come già accennato al tipo b, che in principio questa decorazione a triangoli era ritenuta una cattiva imitazione della tenda propriamente detta[95].

La seconda teoria identifica l'origine del motivo a tenda nel passaggio che si sarebbe verificato dallo schiacciamento delle bugne che decoravano i vasi dell'età del bronzo; in effetti, a ben guardare, la teoria non sembrerebbe fuori luogo poiché se si modella una bugna con i pollici delle mani schiacciandola verso il basso nelle due direzioni opposte si porterebbe giungere a questa decorazione, considerando anche che spesso al di sopra di queste bugne venivano incisi degli angoli sovrapposti atti a mettere in rilievo la bugna stessa, come si può riscontrare a Timmari in un'urna ad impasto incisa, con quattro bugne presso lo spigolo della pancia (Tav. XII, fig. 4) [96].

La terza è quella formulata dal De Juliis che ritiene che il motivo della tenda nasca e si evolva dal protogeometrico iapigio già dalla metà del IX sec. a. C. venendo così a formare due nuovi stili enotri: il geometrico definito a tenda, che si diffonde in Basilicata ed il geometrico iapigio che si sviluppa in Puglia per essere poi acquisito anche dalla valle del Bradano e dal Melfese. Il De Juliis fa notare che intorno alla metà del IX sec. a. C. la ceramica dei due stili è ancora molto simile e che hanno in comune gli angoli iscritti, le fasce frangiate, i triangoli pieni o riempiti a reticolo, nonché le forme vascolari. Anche in questo caso l'Yntema si pone sulla stessa linea di pensiero del De Juliis ritenendo quello della tenda un motivo derivante da quello che egli definisce "South - Italian Early Geometric"[97]. Inoltre, la ceramica japigia era già importata in Basilicata dalla fine del IX sec. a. C. e lo sarà ancora per tutto l'VIII sec. a. C. diffondendosi attraverso le valli fluviali del Bradano nel Materano, a Cozzo Presepe e Monte Irsi e lungo il corso dell'Ofanto, soprattutto a nord. Quest'ultima vallata sarà quella che trarrà spunti da entrambe le culture, dauna e lucana, distaccandosi presto da

---

[94] Tocco1978, p. 110.

[95] D. Yntema, *The Matt- painted pottery in Southern Italy*, Utrecht 1985 (ristampa Galatina 1990), p. 117.

[96] Per questa casistica si è ricorsi al solo esempio di Timmari per brevità nell'esposizione ed anche perché questi vasi ad impasto sono molto noti. Vedi: S. Quagliati, Mon Ant. XVI (1906), p. 73, fig. 77, tomba 204.

[97] Quagliati 1906, p. 117, seconda colonna.

quest'ultima per spostare la sua attenzione verso la costa adriatica ed in particolare verso la penisola balcanica.

Un'altra ipotesi, di carattere molto più generale ma degna, forse, di essere presa in considerazione è quella che vede nel triangolo, inciso o dipinto, singolo o multiplo, un elemento diffuso in ogni cultura perché è una delle rappresentazioni più semplici ed efficaci da eseguire. A puro titolo esemplificativo viene qui presentato un cratere rinvenuto in Turchia a Canhasan ed esposto nel Museo delle Civiltà Anatoliche di Ankara. Il vaso presenta molte analogie con la rappresentazione del motivo a tenda soprattutto nella decorazione sull'orlo e ancora di più sul collo; la sua datazione alla prima metà del quinto millennio a. C. esclude qualsiasi rapporto con l'argomento che ci interessa, e testimonia comunque l'antichità del motivo (Tav. XXXVI, fig. 1).

L'ultima tesi si potrebbe collocare all'interno della natura e della frequenza dei rapporti precoloniali della fascia costiera del materano dai quali qualche ceramografo ha potuto trarre l'ispirazione per tale decorazione. Questa è stata l'idea dalla quale si è partiti per approfondire la conoscenza di questa particolare classe ceramica, senza nulla voler togliere a chi già da anni se ne occupa avendo soprattutto la possibilità di visionare direttamente il materiale che non è ancora edito e che da più fonti si dice riempire i magazzini dei musei del Materano. Sappiamo che i contatti precoloniali nel Sud Italia sono stati frequenti e ripetuti per lo meno dal XIII sec. a. C., documentati dal congruo numero di frammenti di ceramica micenea rinvenuta nel tarantino. Per quel che riguarda la costa ionica i rapporti con frequentatori esterni si possono datare già dal IX sec. a. C. e non sono contatti solo a scopo commerciale ma anche di scambio di beni utili e necessari al fabbisogno della comunità arcaica. E' anche ormai assodato che oltre all'abitato greco anche quello indigeno dell'Incoronata ha avuto modo di conoscere la ceramica del tipo mediogeometrico contemporaneamente all'utilizzo di ceramica a tenda e di stile enotrio, stando ad un frammento di una coppa appartenente al mediogeometrico II corinzio, appunto, rinvenuto in una fossa indigena; ma un forte indizio di conoscenza della ceramica greca prima della colonizzazione c'era stato nel momento in cui si rinvenne, sempre nell'abitato indigeno, il frammento di un'olla proveniente da una fossa di scarico in cui compariva un motivo tipico degli *skyphoi* corinzi del geometrico antico e medio I; questo motivo è composto da uno zigzag doppio orizzontale agli apici del quale compaiono tremuli verticali. Questi elementi permettono di datare la ceramica a tenda di questo contesto, e parliamo di tenda elegante, alla prima metà dell'VIII sec. a. C.[98]. Sono i riempitivi utilizzati nella ceramica a tenda che possono testimoniare questi contatti con la Grecia. Certo, è piuttosto difficile dimostrare che tutti, o alcuni, dei decori aggiuntivi presenti sui vasi con decorazione a tenda siano pervenuti direttamente sulle coste della Basilicata dai traffici dei precolonizzatori, soprattutto perché è opinione comune che tali riempitivi sono stati mediati dallo stile geometrico iapigio come, ad esempio le svastiche e le croci di Malta, le losanghe (modelli provenienti dal Salento, territorio nel quale vi era già una certa abbondanza di ceramica greca già dall'VIII sec. a. C.)[99], ma la decorazione a tenda può avere origini diverse.

Il motivo degli angoli multipli è stato modellato in modo tale da diventare un ornamento elegante e raffinato, ma si possono citare alcuni esempi di vasi o frammenti, sia nella Grecia continentale che insulare nonché in area balcanica, che presentano motivi che si avvicinano, in alcuni casi di più, in altri di meno, alla tenda elegante. In Macedonia, decorazioni dipinte molto simili alla tenda compaiono già alla fine dell'età del bronzo sia sulla parte alta che bassa di coppe a doppia ansa ed olle; si tratta di triangoli multipli che sono in numero variabile da sette a tre o due sovrapposizioni; da notare i "riccioli" che partono dalla base dei triangoli a due o tre sovrapposizioni, come nei frammenti dell'ultima fase della decorazione a tenda rinvenuti a S. Nicola dei Greci che però non presentano angoli sovrapposti, ma triangoli pieni divisi a metà da una linea risparmiata, comunque con i "riccioli" alla base[100]. Per la Grecia continentale possiamo citare gli esempi geometrici micenei di Nauplion, di Marmariani in Tessaglia, in cui un esempio in particolare su un cratere protogeometrico sembra proprio il prototipo della decorazione a tenda[101]. Ad Atene due *lekytoi* rinvenute nel *Kerameikos* recano sulla spalla un motivo ad angoli multipli[102], dalle isole greche abbiamo le due *lekytoi* ed un

[98] P. Orlandini, *Un frammento di coppa mediogeometrica dagli scavi dell'Incoronata presso Metaponto*, Atti e Memorie della Società di Magna Grecia, 1974-1976, pp. 177-186, tav. LXXXV, c.

[99] Per quanto riguarda i motivi accessori, si può affermare che siano tutti di provenienza greca e ne diamo di seguito alcuni esempi: le stelle che compaiono in un cratere di S. Nicola dei Greci di Matera (Tav. XIII, fig. 2) si ritrovano nel mediogeometrico attico, vedi Coldstream 1968, pl. 5, nn. b – c – d; per il fiore stilizzato presente anche sul vasetto da infusione di Ferrandina (Tav. VI, fig. 2) che si ritrova nel mediogeometrico e tardo geometrico attico, nonché su alcuni vasi del Maestro del Dipylon, vedi Coldstream 1968, pl. 7, c, pl. 8, c, d, e, f, pl. 9, a - c; anche le linee puntinate che terminano in fiori o altro appartengono al tardogeometrico attico, vedi Coldstream 1968, pl. 10, nn. c, f; infine le svastiche partono anch'esse dal tardo geometrico attico, vedi Coldstream 1968, pl. 9, nn. h, j, m, n.

[100] W. A. Heurtley, Prehistoric Macedonia, Cambridge 1939, p. 219 ss., fig. 89, f, j, k. Per S. Nicola dei Greci vedi G. Canosa, Il Materano, Siris – Pileion, fonti letterarie e nuova documentazione archeologica, (Incontro Studi, Policoro 8.10/6/1984), Galatina 1986, p. 180, tav. 68a-b.

[101] Coldstream 1968, pl. 22, g; pl. 33, nn. a - e, soprattutto e.

[102] V. R. d'A. Desbourg, *Protogeometric pottery*, Oxford 1952, tomba B, pp. 1-6.

pithos dall'Herakleion di Creta[103]. A Keros, sono stati rinvenuti per caso durante il trasloco del Museo alcuni frammenti sia dipinti che incisi che sembrano riprodurre la tenda[104]; da Cos nel Dodecanneso proviene una *oinochoe*[105]; altri esempi si possono ricordare provenienti da Samos: citiamo un *askos* dipinto, due *askoi* incisi, una fusarola incisa e di altri frammenti[106] nonché le altre località già citate nella premessa dalla Prof. Fabbricotti[107]. Quelli citati non sono altro che alcuni esempi, molti altri se ne potrebbero fare, ma ciò non porterebbe ad alcun chiarimento sulle origini di questo tipo di ceramica che, sembra riduttivo ritenere originaria del protogeometrico iapigio.

Gli esempi fatti ci riportano tutti ad una datazione precedente l'VIII sec. a. C., come anche gran parte delle ceramiche con decoro a tenda elegante, ma non c'è ancora accordo tra gli studiosi sul come datare con precisione questa ceramica. Il Morel abbiamo visto che ha affrontato il problema analizzando i resti di cibo o altro rinvenuti nello stesso strato in cui ha rinvenuto ceramica a tenda a Garaguso riuscendo a datare con precisione lo strato, ma non per tutti è così[108].

Il sito per il quale maggiormente è sentito il problema è Sala Consilina a causa del rilevante numero di vasi a tenda rinvenuti nelle necropoli. Parliamo, in particolare, della cosiddetta fase II di Sala Consilina sulla quale i due maggiori studiosi che se ne sono occupati non sono d'accordo: il Kilian fa corrispondere questa II fase all'VIII sec. a. C. in generale, mentre J. de La Genière la ritiene limitata tra la metà e la fine dell'VIII sec. a. C.; il primo basa la sua datazione sui confronti con altri rinvenimenti tombali di altre località dell'età del ferro come Pontecagnano, Roma e Tarquinia[109], mentre la seconda si basa sul rinvenimento di un tipo particolare di fibula di produzione ischitana rinvenuta in una tomba della necropoli di Sala Consilina[110]. In effetti il problema non è facilmente risolvibile, soprattutto perché è vasto l'orizzonte entro il quale la produzione si sviluppa. Un aiuto si potrebbe cercare nei rinvenimenti fuori regione, infatti l'Yntema disquisisce su questo punto a lungo prendendo in esame le tombe etrusche e calabresi

---

[103] Coldstream 1968, pl. 51, b – c – f.
[104] Ph. Zaphiropoulou, Οστρακα εκ Κερου, ΑΡΧΑΙΟΛΟΓΙΚΑ ΑΝΑΛΕΚΤΑ ΕΞ ΑΘΗΝΩΝ, VIII, 1975, pp. 79-85, fig. 3.
[105] Coldstream 1968, pl. 60, a.
[106] V. Milojcic, *Samos I*, Bohn 1961, p. 48, 65, tav. 18; pp. 48, 65, tav, 20, 2; p. 65, tav. 42, 17; p. 51, tav. 23, 6; p. 57, tav. 27, 2.
[107] Vedi pag. 3.
[108] Vedi Cap. I, nota 30.
[109] Kilian 1964, pp. 124-125; Kilian 1970, 276-282.
[110] La Genière 1968, p. 237 ss.

che hanno restituito ceramica a tenda. In base al contesto l'Yntema limita la produzione della ceramica a tenda tra il 775 ed il 700 a. C.[111]. Comunque, ci si aspetta in seguito una conferma di questa teoria, quando verranno pubblicati i risultati delle ricerche compiute fino ad oggi.

---

[111] Yntema 1990, pp. 116-118.

Bibliografia

ADAMESTEANU D., *Problèmes de la zone archéologique de Métaponte*, in Règue Archéologique 1967, pp. 3- 38.

ADAMESTEANU D., *La Basilicata antica. Storia e monumenti*, Cava dei Tirreni 1974.

ADAMESTEANU D., *Termitito*, in St. Etr. XLVI 1978, p. 557.

ALBERTI M. A., BETTINI A., LORENZI I., *Salapia (Foggia). Notizia preliminare sugli scavi nella città daunia di Salapia. Campagna 1978-1979*, in NSc XXXV, 1981, pp. 159-182.

AA. VV., *Monte Irsi, Southern Italy, The Canadian excavation in the Iron Age and Roman sites,1971-1972*, BAR.

AA.VV., *Il Museo Nazionale Ridola di Matera*, Matera 1976.

AA. VV., *Scavi e scoperte*, Studi Etruschi XLIX (1981), pp. 479-482.

AA. VV., *La civiltà micenea. Guida storica e critica*, (a cura di G. Maddoli) Roma – Bari 1992.

AA. VV., *La transizione dal miceneo all'Alto Arcaismo*, Roma 1991.

AA. VV., *Popoli anellenici in Basilicata*, (Catalogo della Mostra di Potenza) Napoli 1971.

BARTOLONI G., *Nota su una tazza enotrio – geometrica proveniente da Tarquinia*, in Archeologia Classica, 23, 1971, pp. 252-257.

BATOVIC S., *Ceramica apula con ornamenti geometrici sulla costa orientale dell'Adriatico,* Zadar 1972.

BATOVIC S., *Nin e l'Italia meridionale nell'età del ferro,* in Archivio Storico Pugliese XXVI, 1973, 389-421.

BATOVIC S., *Le relazioni tra la Daunia e la sponda orientale dell'Adriatico del ferro,* in Atti daunia 1975, pp. 149-157; 340-347.

BERNABO' BREA L., *Il neolitico e la prima civiltà dei metalli,* in Greci e Italici in Magna Grecia, Taranto 1961, pp. 61-97.

BIANCO S., DE SIENA A., *Termitito,* in Magna Grecia e Mondo Miceneo, Napoli 1982, pp. 69-96.

BIANCO S., TAGLIENTE M., *La prima età del ferro,* in Il Museo Nazionale della Siritide di Policoro, Bari 1985.

BIANCOFIORE F., *Civiltà micenea nell'Italia meridionale,* Roma 1967.

BIETTI SESTIERI A. M., *Rapporti e scambi fra le genti indigene fra l'età del bronzo e la prima età del ferro nelle zone della colonizzazione,* in Magna Grecia. Il Mediterraneo, le metropoleis e la fondazione delle colonie, Milano 1985, pp. 120-126.

BLEGEN C. W., *Zygouries: a preistoric settlement in the Valley of Cleonae,* Cambridge 1928, p. 130, fig. 124.

BOTTINI G., *Greci ed indigeni nel sud della penisola dall'VIII sec. a. C. alla conquista romana,* in Popoli e civiltà dell'Italia antica VIII, Roma 1986, pp. 171-237.

BRACCO E., *Ferrandina (Matera). Rinvenimenti di tombe di età greca,* in NSc 1935, p. 398, fig. 7.

CANOSA M. G., *Matera,* in St. Etr. XLIX, 1981, pp. 481-482.

CANOSA M. G., *Il Materano*, in Siris - Polieion, fonti letterarie e nuova documentazione archeologica, Galatina 1986, pp. 171-182.

CASTOLDI M., MALNATI L., *Studi e ricerche archeologiche in Basilicata*, in Quaderni di ACME 4, 1984.

CHERRY J. F. *et alii*, *A trial excavation at Monte Irsi, Basilicata*, in PBSR XXXIX, 1971, pp. 138 sgg..

CIPOLLONI M., *La stratigrafia di Toppo Daguzzo e i problemi relativi ai contatti fra le due sponde adriatiche durante l'età del bronzo e la prima età del ferro*, in L'Adriatico tra Mediterraneo e penisola Balcanica nell'antichità, Taranto 1983, pp. 51-60.

CIPOLLONI SAMPO' M., *Toppo D'Aguzzo*, in St. Etr. 1978, pp. 552-553.

CIPOLLONI SAMPO' M., *Il Bronzo Finale in Basilicata* ,in Bronzo Finale 1979, pp. 489-513.

La civiltà dei Dauni nel quadro del mondo italico, Atti del XIII Convegno di Studi Etruschi e italici, Firenze 1984 (Manfredonia 21-27 giugno 1980).

COLDSTREAM J. N., *Greek geometric pottery*, London 1968.

COLONNA G., *Ceramica geometrica dell'Italia meridionale nell'area etrusca*, in Aspetti e problemi dell'Etruria interna, VIII Convegno Nazionale di Studi Etruschi e Italici, 1972, Firenze 1974, pp.297-302.

CONTE A., *I signori del piccone. Storia di un museo archeologico del sud: Taranto*, Taranto 1984.

COOK R. M., *Greek Painted Pottery*, London 1972.

D'AGOSTINO B., *Necropoli di Pontecagnano*, in Mostra Salernitano 1962, pp. 105-107, n. 372, f. 42.

D'AGOSTINO B., *Nuovi apporti della documentazione archeologica nell'agro picentino*, in St. Etr. XXXIII (1965), p. 676 sgg..

D'AGOSTINO B., *Tombe della prima età del ferro a S. Marzano sul Sarno*, in MEFRA 82 (1970), pp. 571-604.

D'AGOSTINO B., *La civiltà del ferro nell'Italia meridionale e nella Sicilia*, in Popoli e Civiltà dell'Italia antica, II, Roma 1974, pp.11-91.

D'ANDRIA F., *Scavi nella zona del Kerameikos (1973)*, in NSc, suppl. 1975, Metaponto I, 355-452.

DEGRASSI N., *La documentazione archeologica in Puglia*, in Metropoli e colonie della Magna Grecia, Taranto 1963, pp. 150-169.

DE JULIIS E. M., *Ordona (Foggia). Scavi della necropoli*, in NSc XXVII, 1973, pp. 285-399.

DE JULIIS E. M., *La ceramica geometrica della Daunia*, Firenze 1977, p. 81 sgg..

DE JULIIS E. M., *Il Bronzo finale nella Puglia settentrionale*, in Bronzo Finale, 1979, pp. 515-529.

DE JULIIS E. M., *Nuove osservazioni sulla ceramica geometrica della Daunia*, in Civiltà Daunia, 1984, pp. 153-161,137-184.

DE JULIIS E. M., *I popoli della Puglia prima dei Greci*, in Magna Grecia. Il Mediterraneo, le metropoleis e la fondazione delle colonie, Milano 1985, pp. 145-188.

DE JULIIS E. M., *L'origine delle antiche genti iapigie e la civiltà dei Dauni*, in Italia, Omnium terrarum alumna, Milano 1988, pp. 539-650.

DE JULIIS E. M., *Centri di produzione ed aree di diffusione commerciale della ceramica daunia di stile geometrico,* in Archivio Storico Pugliese, 31, 1978, pp. 3-23.

DE JULIIS E. M., *Considerazioni sull'età del ferro nella puglia settentrionale*, in Archivio Storico Pugliese XXVIII, 1975, pp. 55-79.

DELPINO F., *Sulla presenza di oggetti "enotri" in Etruria: la tomba di Poggio Impiccato 6 di Tarquinia*, in Studi Maetzke, II, Roma 1984, pp. 257-271.

DESBOROUGH V. R. d'A., *Protogeometric pottery*, Oxford 1952.

DE SIENA A., *Termitito. Campagna di scavo 1982,* in Atti del XXII Convegno di Studi sulla Magna Grecia (1982), Taranto 1983, pp. 125-131.

DRAGO V., *Museo Nazionale di Taranto*, in CVA, I 1940; II 1942; III 1962.

DU PLAT TAYLOR J., DORREL P. G., SMALL A., *Gravina di Puglia III. Houses and a cemetery of the Iron Age and Classical periods,* in PBSR XLIV, 1976, pp. 48-132, Pl. XVII-XXII.

FURUMARK, *The Mycenean Pottery. Analysis and Classification*, Stockholm 1941.

GASTALDI P., *La grotta di Madonna del Granato*, in Mostra Salernitano 1972, pp. 69-70.

GASTALDI P., *Le necropoli protostoriche della valle del Sarno: proposta per una suddivisione in fasi*, in AION I, Napoli 1979, p. 47.

GENIOLA A., *Saggi di scavo nel settore nord occidentale di Salapia*, in Archivio Storico Pugliese 1975, pp. 513, 590.

GERVASIO M., *Bronzi arcaici e ceramica geometrica nel Museo di Bari*, Bari 1921, p. 298, figg. 71 e 72.

GOLDMANN H., *Excavation at Eutresis in Beotia*, Oxford University Press 1931, p. 158, fig. 220, 2.

GRECO G., *Le fasi cronologiche dell'abitato di Serra di Vaglio, Attività archeologica in Basilicata 1964-1977*, in Scritti in onore di Dinu Adamesteanu, Matera 1980, pp. 367-388.

GRECO G, ROUGETET J., *La 'casa dei pithoi a Serra di Vaglio': proposta di un restauro*, in Papers of the fourth Conference of Italian Archaeology 2, London 1992, pp. 3-10, fig. 3.

HANO M., HANAINE R., MOREL J. P., *Garaguso (Matera), Relazione preliminare sugli scavi del 1970*, in NSc 1971, pp. 428, 429, 438 sgg..

HENCKEN H., *Villanovian and Early Etruscans*, Cambridge Mass 1968, p. 141sgg., figg. 130-131, p. 144 sgg., fig. 133.

HEWRTLEY W. A., *Preistoric Macedonia*, Cambridge 1939.

HOLLOWAY R., *Excavation a Satrianum*, 1966, AJA, LXXI, 1967, p. 59 ss..

HOLLOWAY R., *Scavi della missione archeologica della Brown University a Satriano vecchio (Potenza)*, in AJA, LII, 1967, pp. 176-177.

HOLLOWAY R., *Excavation a Satrianum* 1967, in AJA, LXXII, 1968, pp. 119 sgg..

HOLLOWAY R., *Satrianum*, Providence 1970.

HOLLOWAY R., *Italy and Aegean 3000 – 700 B. C.*, Louvain – La – Neuve, Providence (Rhode Island) 1981.

KILIAN K., *Untersuchungen zu Früheisenzeitlichen Gräbern aus dem Vallo di Diano, 10tes Erganzungsheft der Mitteilungen des deutschen archäologischen Instituts Rom*, Heidelberg 1964.

KILIAN K., *Früheisenzeitliche Funde aus der Südostnekropole von Sala Consilina (Provinz Salerno)*, in *15tes Erganzungsheft der Mitteilungen des deutschen Archäologischen Instituts Rom*, Heidelberg 1970.

KLUEBER K., *Ausgrabungen in Kerameikos I*, 1938, inv. Nn. 490 e 512.

IKER R., *Tombes dauniennes à Herdonia*, in Ordona II, Bruxelles – Roma 1967.

IKER R., *Les tombes dauniennes, 1e partie, Les tombes du VIII au debut du IV siecles avant notre ére*, in Ordona VII, 1984.

LA GENIERE J. de, *I più antichi vasi geometrici del Vallo di Diano*, in RendAccNapoli XXXV (1960), pp. 119-147.

LA GENIERE J. de, *Recherches sur l'âge du Fer en Italie méridionale, Sala Consilina*, Napoli 1968.

LA GENIERE J. de, *Contribution à l'étude des relations entre grecs et indigènes sur la mer ionienne*, in Mélange d'Archeologie et d'Histoire LXXXII, 1970, pp.621-636.

LA GENIERE J. de, *Aspetti e problemi sull'archeologia del mondo indigeno*, in Atti di Taranto 1971, Napoli 1972, pp. 225-260.

LA GENIERE J. de, *Contribution to a typology of Ancient Settlements in Southern Italy (9th to 4th century B. C.)*, in Crossroads of the Mediterranean, Louvain - la Neuve – Providence (Rhode Island) 1983, pp. 163-187 (appendice bibliografica pp. 187-189).

LATTANZI E., *Ferrandina, necropoli dall'età del ferro al IV sec. a.C.*, in Il Museo Nazionale "Ridola" di Matera, 1976, p. 146, tav. LIV, fig. 1.

LATTANZI E., *Timmari – necropoli arcaiche*, in Il Museo Nazionale "Ridola" di Matera, 1976, p. 122, tav. XLI, 1, pp. 252-254, tav. V.

LATTANZI E., *Attività archeologica nel Materano*, in Atti Taranto 1977, pp. 442-443.

LEPORE E., *Società indigena e influenze esterne con particolare riguardo all'influenza greca*, in Civiltà dei Dauni, 1984, pp. 317-323.

LEPORE E., *Colonie greche dell'occidente antico*, Napoli 1989.

LOICQ J., *Les vases peints de la nécropole de Novilara*, in Hommages à Marcel Renard III, (Latomus 103), Bruxelles 1969, pp. 360-378.

LO PORTO F. G., *Leporano (Taranto) – La stazione protostorica di Porto Perone*, in NSc 1963, pp. 280-380.

LO PORTO F. G., *Satyrion (Taranto) – Scavi e ricerche nel luogo del più antico insediamento laconico in Puglia*, in NSc 1964, pp. 177-279.

LO PORTO F. G., *Metaponto (Matera) – Tombe a tumulo dell'età del Ferro scoperte nel suo entroterra*, in NSc 1969, pp. 121-170.

LO PORTO F. G., *Civiltà indigena e penetrazione greca nella Lucania orientale*, in MonAntLinc, serie miscellanea I, 3, 1973, pp. 145-251.

LO PORTO F. G., *Le importazioni micenee in Puglia*, in Traffici micenei nel Mediterraneo, Atti del Convegno (Palermo 1984), Taranto 1986.

MADDOLI G., *La civiltà micenea, guida storica e critica*, Roma – Bari 1992 (Roma 1977).

Magna Grecia e mondo miceneo, Atti del XXII Convegno di Studi sulla Magna Grecia (Taranto ottobre 1982), Taranto 1983.

MARAZZI M., TUSA S., VAGNETTI L., *Traffici micenei nel Mediterraneo. Problemi storici e documentazione archeologica,* in Atti del Convegno tenuto a Palermo (maggio e dicembre 1984) Taranto 1986.

MAYER M., *Apulien vor und während der Hellenisierung mit besonderer Berücksichtigung der Keramik,* Leipzig – Berlin 1914.

MILOJCIC V., *Samos I,* Bohn 1961.

MOREL J. P., *Fouilles à Cozzo Presepe près de Métaponte,* in MEFR 1970, pp. 73-116.

MOREL M. J. P., Garaguso (Lucania). Traditions indigène et influence greques, in Académie des Inscriptions et Bbelle Lettres. Compte Rendus (CRAI), 1974, p. 374.

MOUNTJOY P. A., *Mycenean Pottery: an introduction,* Oxford 1993.

NAVA M. L., *L'attività archeologica in Basilicata, 2 – Incoronata,* in Atti Taranto 1996, pp. 457-459.

ORLANDINI P., *Un frammento di coppa mediogeometrica dagli scavi dell'Incoronata presso Metaponto,* in Atti e Memorie della Società di Magna Grecia 1974-1976, pp. 177-186.

ORLANDINI P., *Scavi archeologici in località Incoronata presso Metaponto,* in Acme XXIX (1976), pp. 29-39.

ORLANDINI P., *Figura umana e motivi antropomorfi sulla ceramica enotria,* in Studi in onore di Ferrante Rittatore Vonwiller, II, Como 1980, pp. 309-316.

ORLANDINI P., *Fase precoloniale nella Basilicata sud orientale ed il problema dell'Incoronata,* in Siris – Polieion, Galatina 1986, pp. 49-54.

GRECO PONTRANDOLFO A., *I Lucani, Etnografia e archeologia di una regione Antica*, Milano 1982.

Popoli anellenici in Basilicata, Catalogo della Mostra, Napoli 1971.

PONZETTI F. M., *L'insediamento capannicolo pre – protostorico di 'La Croce' (Altamura) e il suo divenire un centro urbano peucetico fortificato*, in Atti V Convegno Comuni Messapici, Peuceti e Dauni, Altamura 1973, Bari 1980, p. 238 sgg., figg. 32, 37.

PUGLIESE CARRATELLI G., *Prime fasi della colonizzazione greca in Italia*, in Greci ed Italici in Magna Grecia, Taranto 1961, pp. 137-149.

QUAGLIATI Q., *Il Museo Nazionale di Taranto*, Roma 1932.

RANALDI F., *Ricerche archeologiche nella provincia di Potenza 1959-1960*, Potenza 1961, pp. 15-30.

RELLINI U., *La più antica ceramica dipinta in Italia*, Roma 1934.

RIDGWAY D., *L'alba della Magna Grecia*, Milano 1984 e 1992.

RUBY P., *Les questions sous la tente: pour une approche technologique de la céramique "a tenda"*, in MEFR 1988, pp. 649-683.

SÄFLUND G., *Punta del tonno. Eine vorgriiecchische Siedlung bei Tarent*, in Acta Instituti Romani Regni Sueciae, Series II, I, 1939, pp.458-490.

SESTIERI P. C., *Necropoli villanoviane in provincia di Salerno*, in St.Etr. XXVIII (1960), p. 73 sgg..

STELLA L. A., *La civiltà micenea nei documenti contemporanei*, Roma 1965.

SUNDWALL J., *Die älteren italischen Fibeln*, 1943, p. 174 sgg., fig. 277.

TINE' BERTOCCHI F., *Formazione della Civiltà daunia dal X al VI sec. a. C.*, in Civiltà preistoriche e protostoriche della Daunia, Atti del Colloquio Internazionale di Preistoria e Protostoria della Daunia, Foggia 24-29 aprile 1973, Firenze 1975, pp. 271-285.

TOCCO G., *L'età del ferro e la cultura daunia*, in Civiltà Ofanto, 1976, pp. 17-22.

TOCCO G., *La Basilicata nell'età del ferro*, in Atti della XX Riunione Scientifica in Basilicata, I.I.P.P., 16-20 ottobre 1976, Firenze 1978, pp. 87-122.

TOCCO G., LA GENIERE J. de, GRECO G., in Atti di Taranto 1987, Napoli 1992, pp. 385-396.

TAYLOUR W., *Mycenaean Pottery in Italy and adjacent areas*, Cambridge 1958.

TRENDALL D., *South Italian Vase Painting*, London 1966.

VAGNETTI L., *I Micenei in occidente. Dati acquisiti e prospettive future*, in Modes de contacts et processes de transformation dans les sociétés anciennes, Atti del Convegno Cortona (1981), Pisa Roma 1983, pp. 165-185.

VAGNETTI L. (a cura di), *Magna Grecia e mondo miceneo. Nuovi documenti*, (Catalogo della Mostra), Napoli 1982.

VAGNETTI L., *I contatti precoloniali fra le genti indigene ed i paesi mediterranei*, in AA. VV., Magna Grecia. Le metropoli e la fondazione delle colonie, Milano 1985, pp. 127 sgg..

VAGNETTI L., JONES R. E., *Towards the identification of local Mycenaean pottery in Italy*, in French E. B. – Warde K. A., Problems in Greek prehistory (Papers presented at the Centenary conference of the British School of Archaeology at Athens, Manchester 1986) Bristol 1988, pp. 335-348.

VAGNETTI L., LO SCHIAVO F., *Late bronze age long distance trade in the Mediterranean: the role of the Cypriots*, in E. Peltenburg, Early Society in Cyprus, Edimburgh 1989, pp. 217-243.

VALLET F., *Les routes maritimes de la Grande Grece*, in Vie di Magna Grecia (Atti del II Convegno di Studi sulla Magna Grecia, Napoli 1963, pp. 117-135.

VANSCHOONWINKEL F., *L'Egee et la Mediterranee orientale à la fin du deuxienne millénaire*, in Archaeologica Transatlantica IX, Lounvain – La Neuve 1991.

VOZA G., *Necropoli di Capodifiume*, in Mostra Salernitano 1962, pp. 79-80, 82, fig. 24,1.

YNTEMA D., *Some Notes on Iapygian Pottery from the Otranto Excavation: a preliminary Report*, in Studi di Antichità 3, Galatina 1982, pp. 63-82.

YNTEMA D., *Notes on Greek Influence on Iron Age Salento*, in Studi di Antichità 3, Galantina 1982, pp. 83-131.

YNTEMA D., *The Matt – painted Pottery of Southern Italy*, Utrecht 1985 (ristampa Galatina 1990).

ZANCANI MONTUORO P., *Necropoli di Macchiabate*, in Atti della Società di Magna Grecia XI-XII (1970-1971), pp. 9-33.

ZAPHIROPOULOU PH.,
Οστρακα εκ Κερου, Αρχαιολογικα Αναλεκτα, Ε Ξ, Αθηνων, VIII, 1975, pp. 79-85.

Indice delle tavole

Le tavole presentate, eccetto le nn. I e II, risultano dalla composizione di immagini già edite e non in scala, se non quando espressamente indicato, di cui viene dato di seguito il riferimento bibliografico*.

Tav. III, figg. 1-2, Yntema 1990; fig. 3, Castoldi – Malnati 1984

Tav. IV, figg. 1-2, Popoli anellenici in Basilicata 1971

Tavv. V-VI, figg. 1-9, Lo Porto 1969

Tav. VII, fig. 1, Lo Porto 1969; fig. 2, Il Museo Nazionale "Ridola" di Matera 1976; fig. 3, Lo Porto 1973

Tav. VIII, Hano 1970

Tavv. IX-X, Castoldi – Malnati 1984

Tav. XI disegni Fabbricotti

Tav. XII, fig. 2, Il Museo "Ridola" di Matera 1976; fig. 3, Lattanzi 1977; figg. 1,4, disegni Fabbricotti

Tavv. XIII, XIV, XV, XVI, Canosa 1986

Tav. XVII, Lo Porto 1973

Tav. XVIII, Lattanzi 1977

Tav. XIX, figg. 1-2, Greco 1980; fig. 3, Kilian 1964

Tav. XX, Kilian 1964

Tav. XXI, disegni Fabbricotti

Tav. XXII, fig. 1, foto Catelli; figg. 3-4 disegni Fabbricotti; fig. 2, Yntema 1990

Tav. XXIII, figg. 1-2, Gervasio 1921; fig. 3, De Juliis 1985

Tav. XXIV, Ponzetti 1980

Tav. XXV, fig. 1, De Juliis 1985; figg. 2-5, Tinè Bertocchi 1975

Tav. XXVI, Yntema 1990

Tavv. XXVII-XXVIII, XXIX, Small 1976

Tavv. XXX-XXXI, foto G. Alifano

Tav. XXXII, Zancani Montuoro 1971

Tav. XXXIII, Kilian 1964

Tav. XXXIV, Yntema 1990

Tav. XXXV, Yntema 1990

Tav. XXXVI, Cartolina del Museo delle Civiltà Anatoliche di Ankara

*Si ringrazia il Sig. Gianluca Catelli per la pazienza con cui si è occupato della composizione delle tavole nonché le Dott. sse Oliva Menozzi e Vienna Tordone.

Indice generale

* Principali rinvenimenti di ceramica a tenda nel Sud Italia

1 - Chiaromonte
2 - S.Maria d'Anglona
3 - Tursi
4 - Alianello
5 - Craco
6 - Pisticci
7 - Ferrandina
8 - Garaguso
9 - Incoronata
10 - Cozzo Presepe
11 - Timmari
12 - Matera

13 - Montescaglioso
14 - Monte Irsi
15 - Irsina
16 - Serra di vaglio
17 - Cancellara
18 - Satriano
19 - Lavello
20 - Toppo Daguzzo

MARE ADRIATICO

MARE TIRRENO

Vulci

Tarquinia

Capena

Monte Saraceno

Coppa Nevigata

S. Marzano sul Sarno

Pietragalla

Cancellara

Altamura

Serra di Vaglio

Gravina

Matera

Pontecagnano

Satriano

Garaguso

Taranto

Sala Consilina

Craco

S.Leonardo

L'Incoronata

Aianello

Santa Maria d'Anglona

Chiaromonte

Amendolara

Castrovillari

Francavilla

Torre Mordillo

Roggiano

Serra Castello

- Mappa dei principali rinvenimenti di ceramica a tenda in Italia -

S. Maria D'Anglona

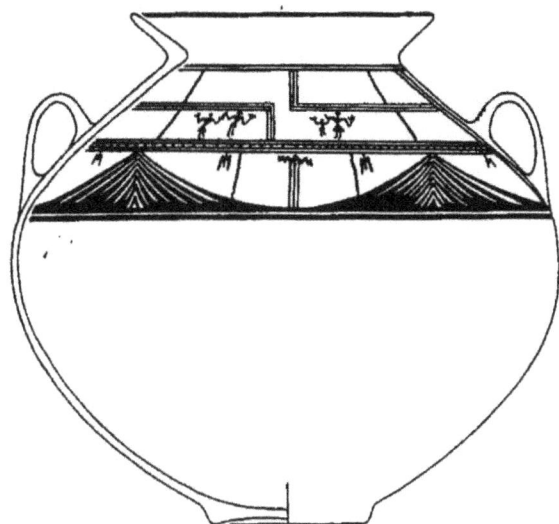

- 1 -

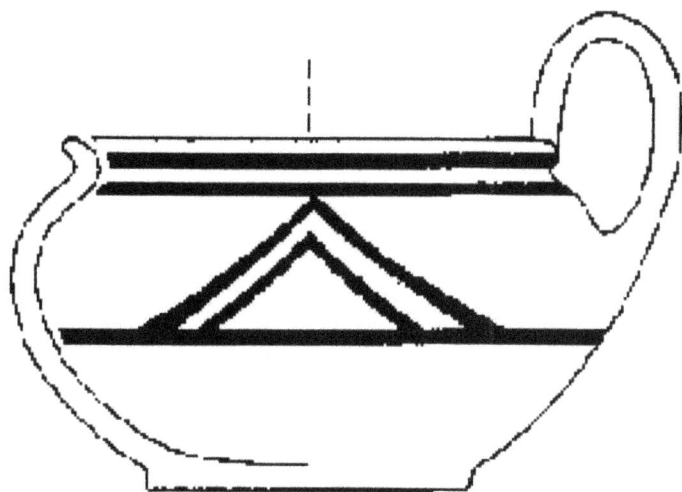

- 2 -

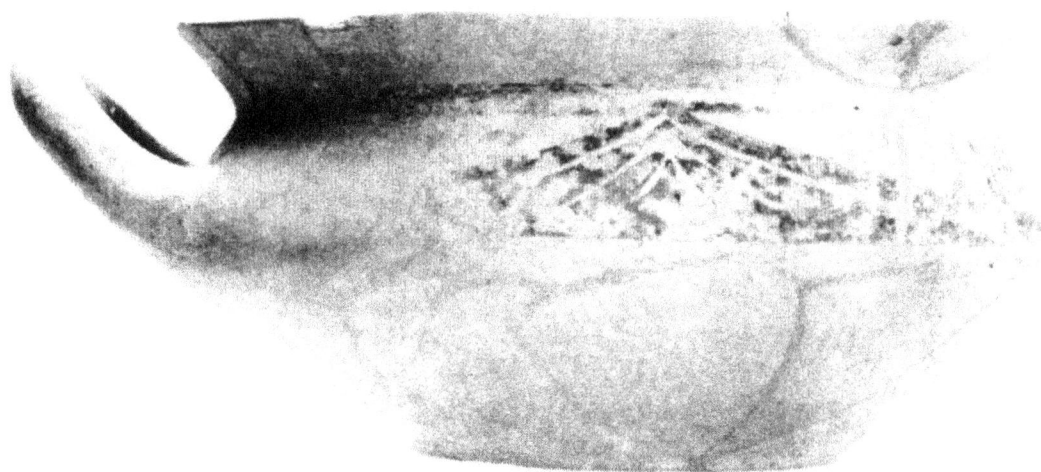

- 3 -

-Craco-

-1-

-2-

S.Leonardo - Pisticci

- 1 -

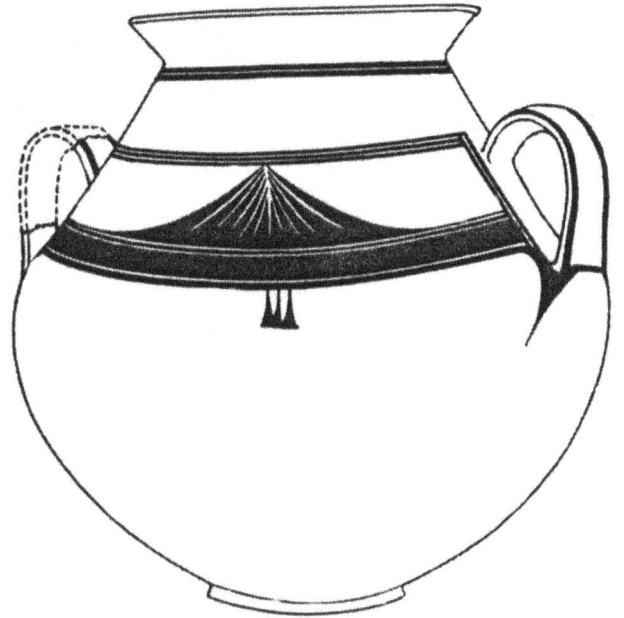

- 2 -

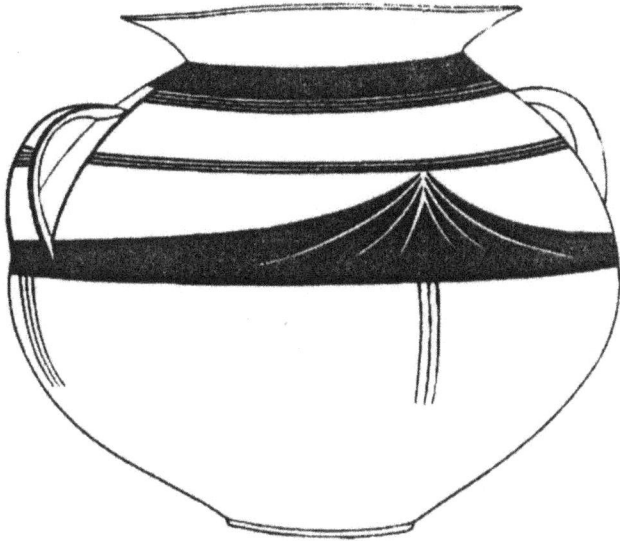

- 3 -

- 5 -

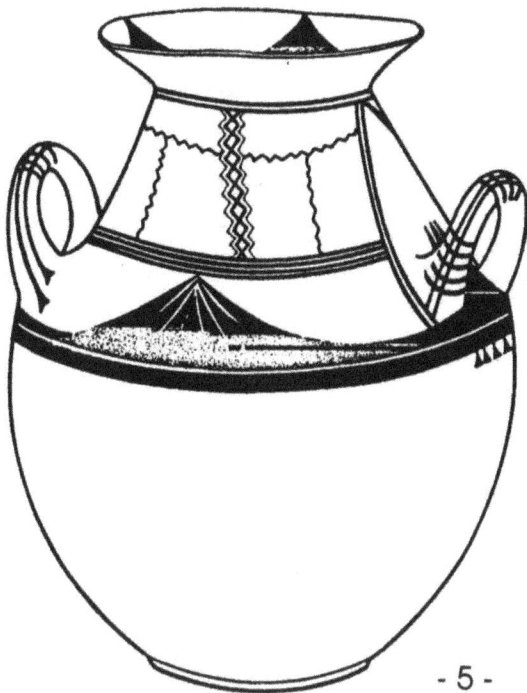

- 4 -

S.Leonardo - Pisticci

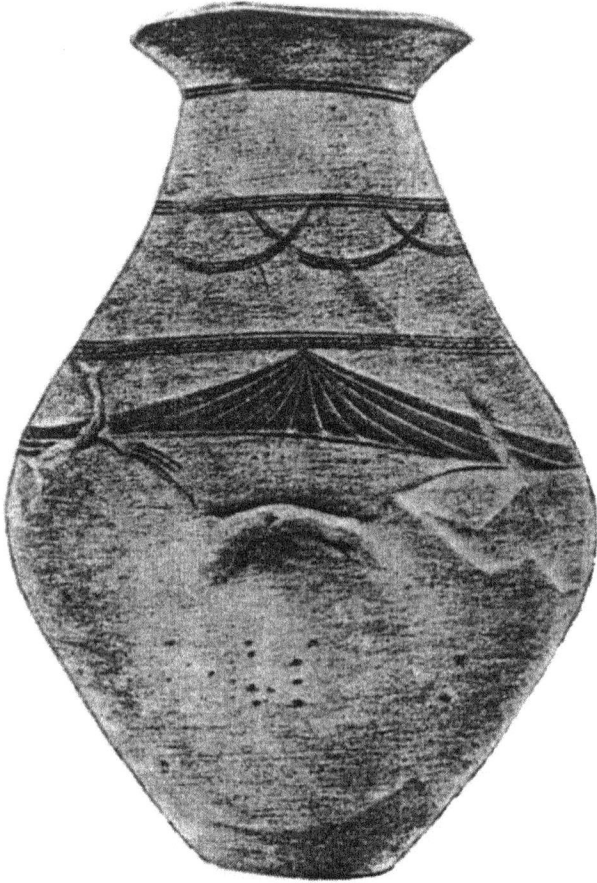

- 6 -

- 7 -

- 8 -

- 9 -

- 1 -

- 2 -

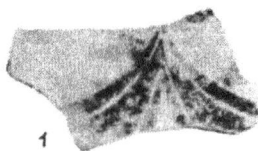

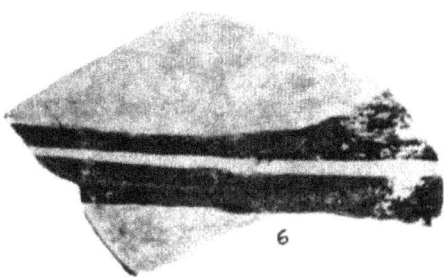

- 3 -

Garaguso

Incoronata

- 1 -

- 2 -

- 3 -

Incoronata

- 4 -

- 5 -

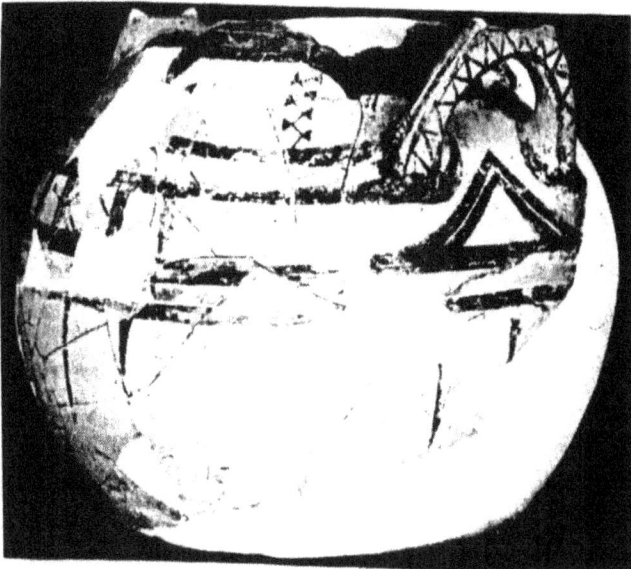

- 6 -

- 7 -

Capodifiume

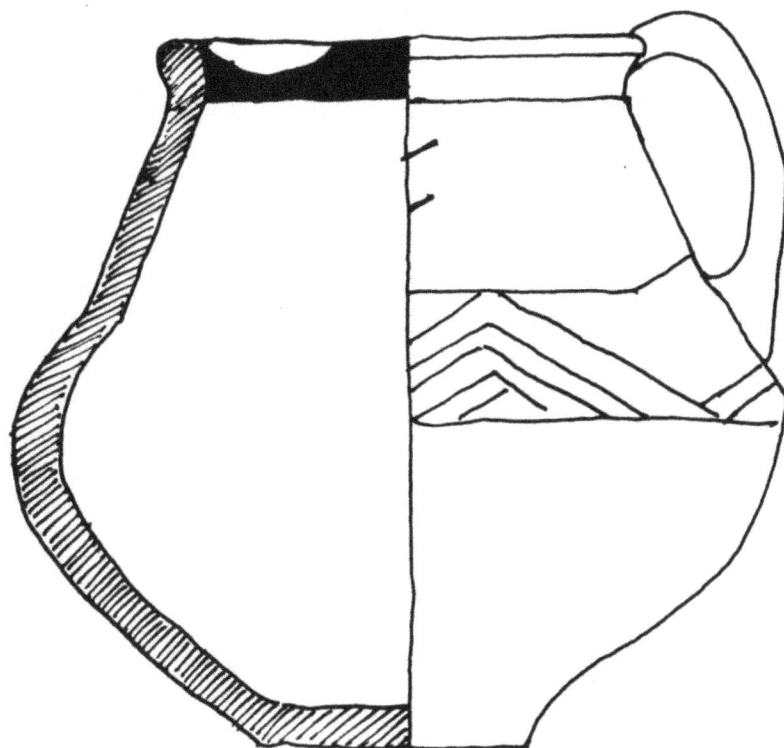

-1-

Cozzo Presepe

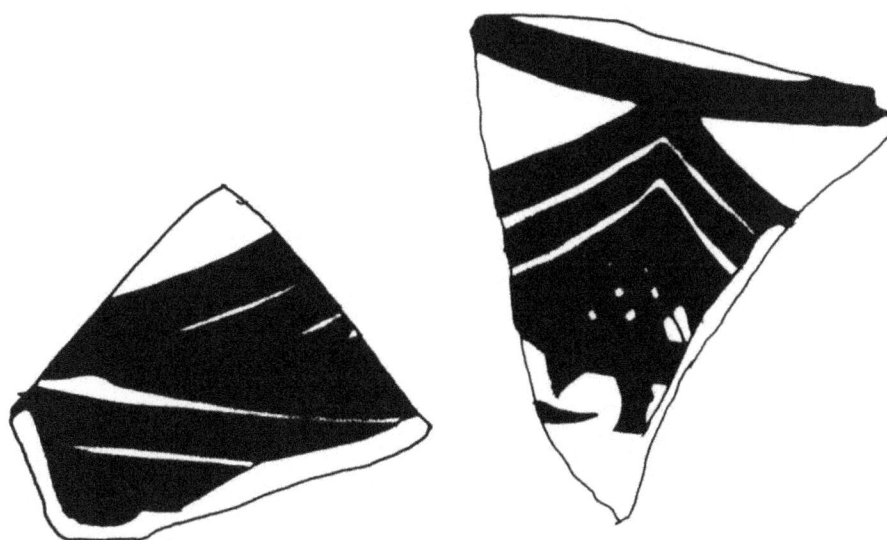

Timmari

- 1 -

1:3

- 2 -

- 3 -

- 4 -

Matera

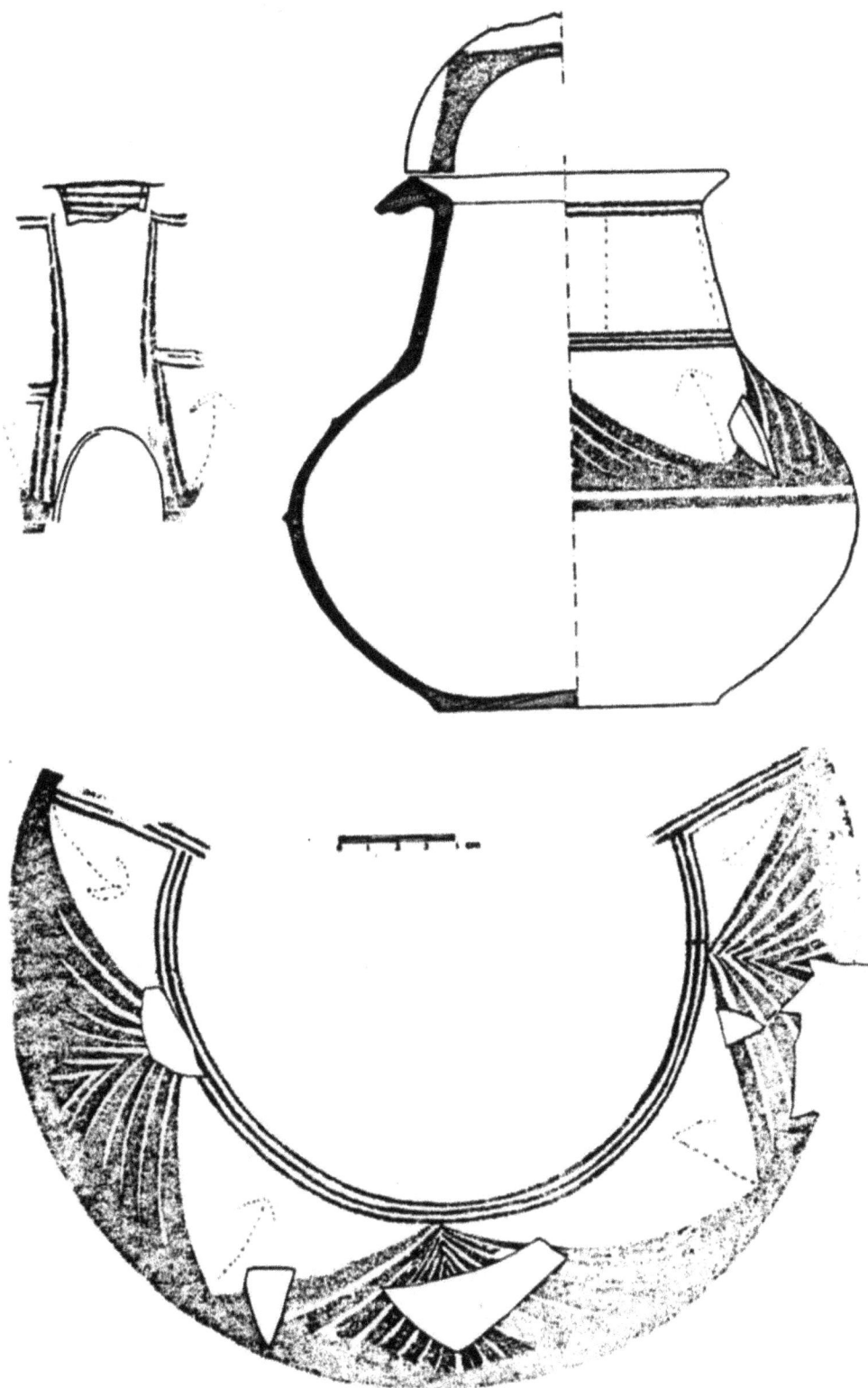

Matera

- 2 -

- 6 -

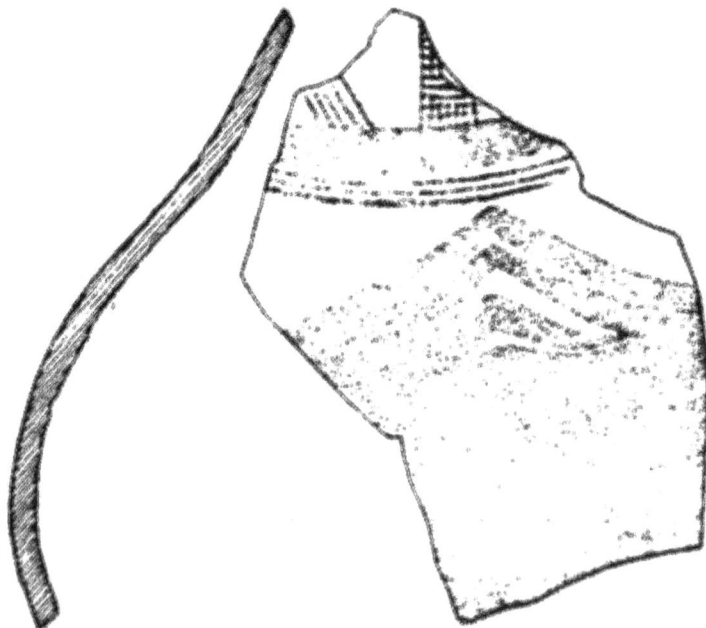

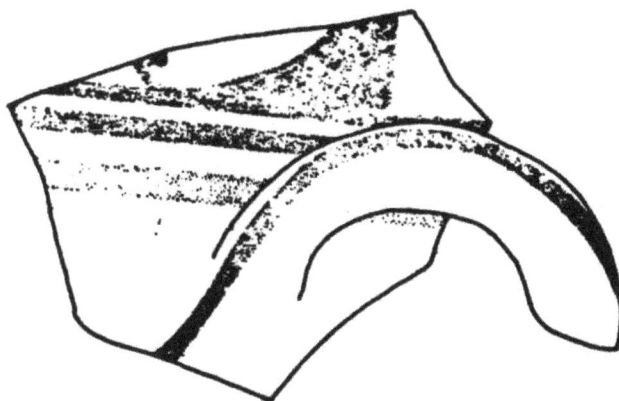

- 4 -

- 5 -

Matera

- 7 -

Montescaglioso

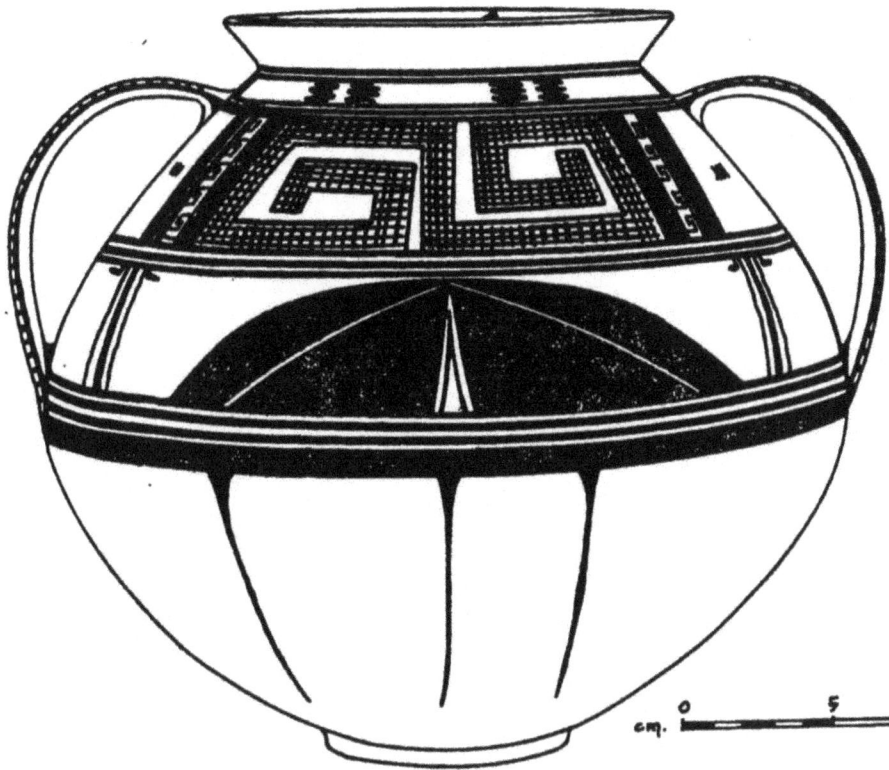

cm. 0 5

- 1 -

Irsina

- 1 -

Serra di Vaglio

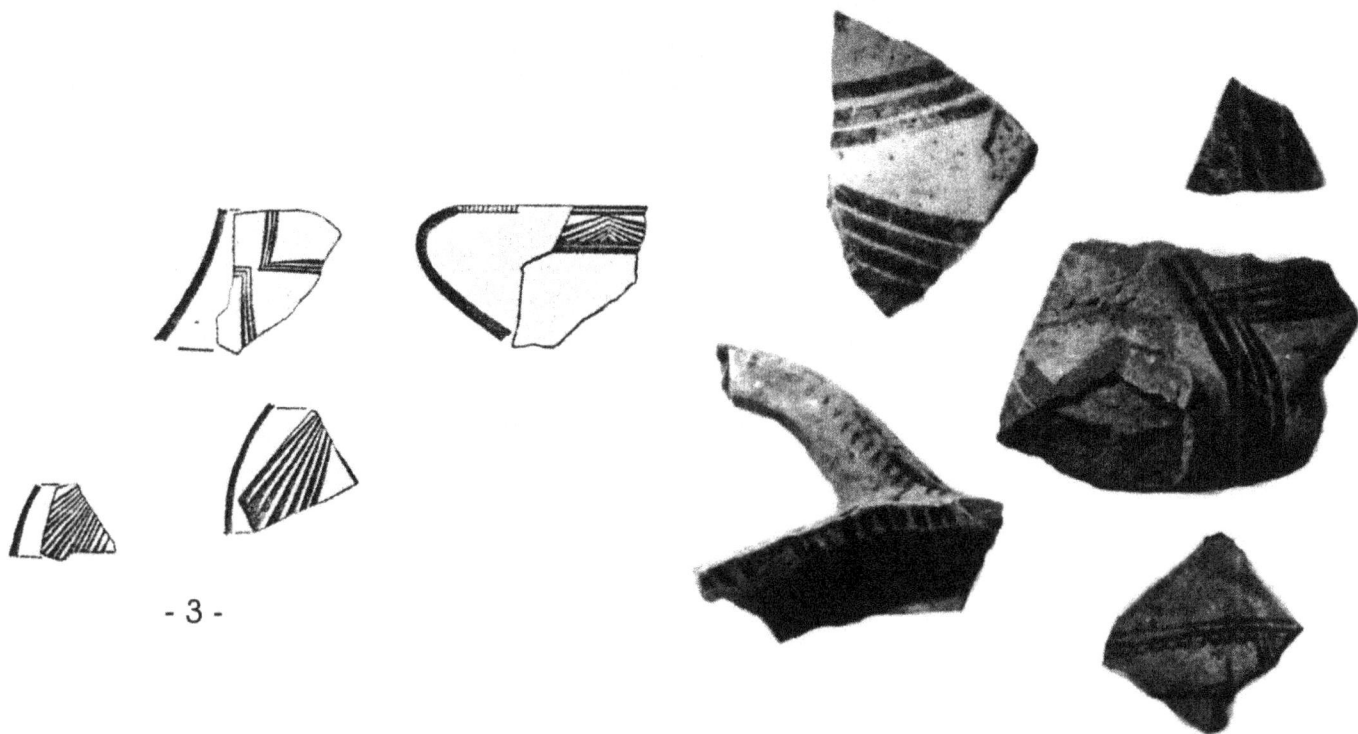

- 3 -

- 1 -

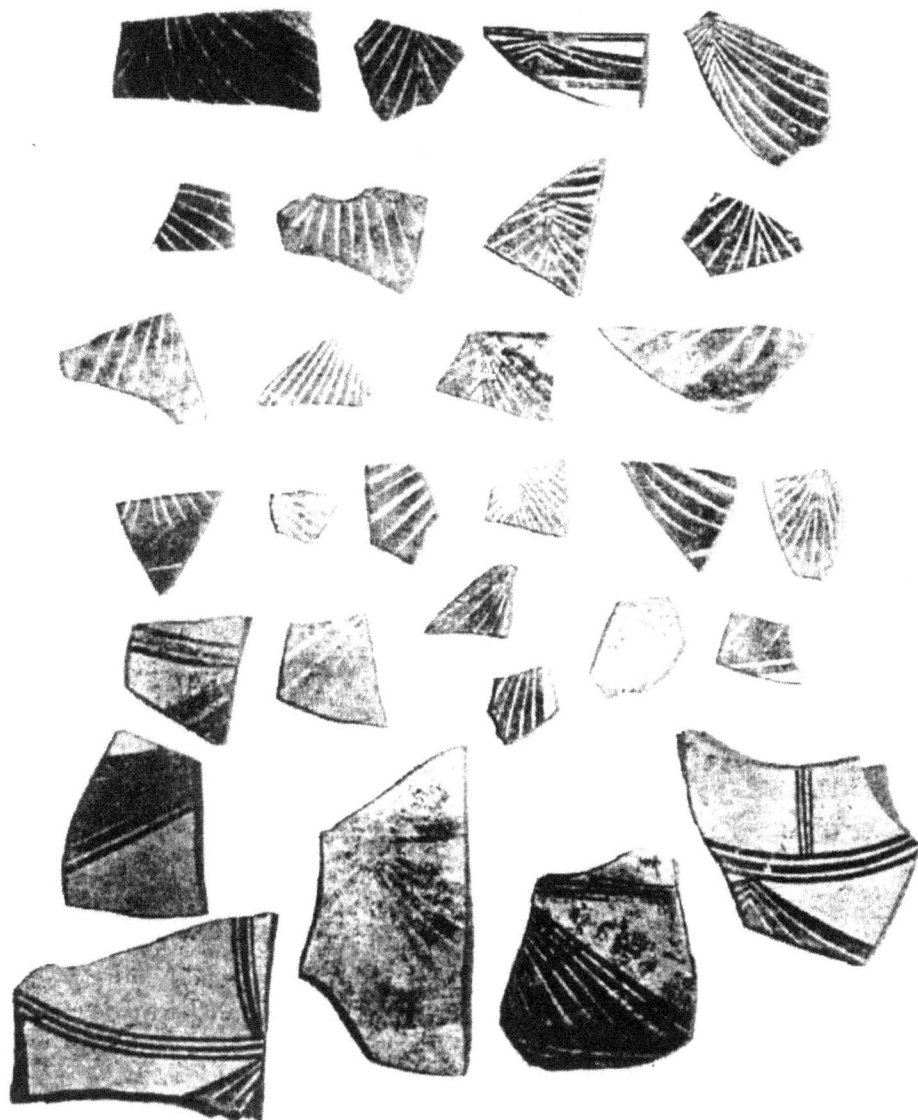

- 2 -

Cancellara

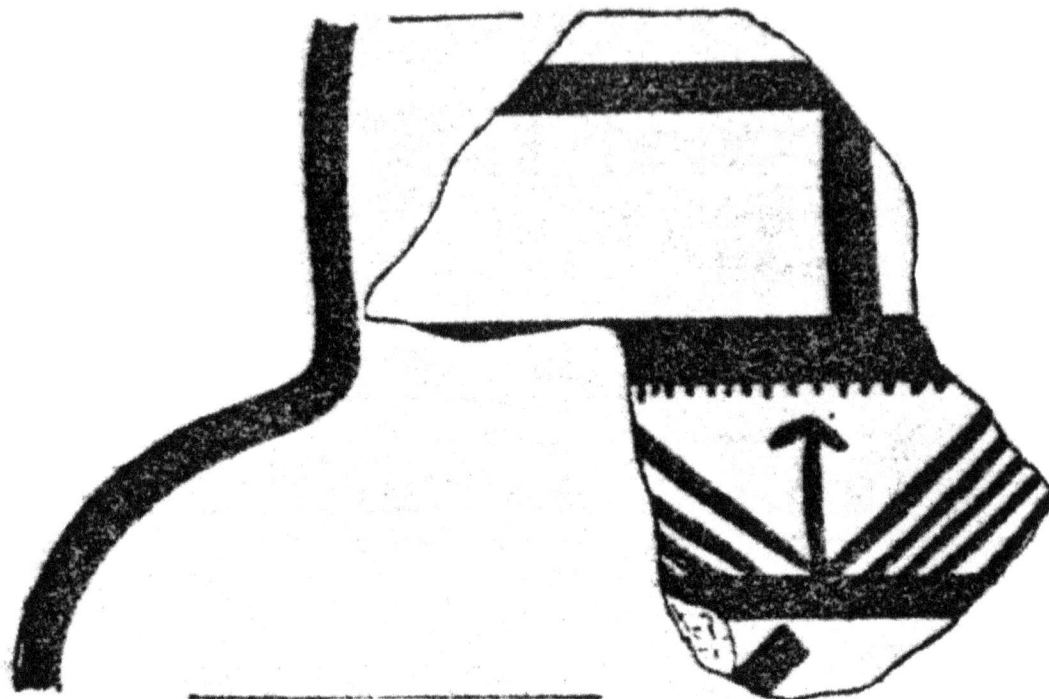

- 1 -

Pietragalla

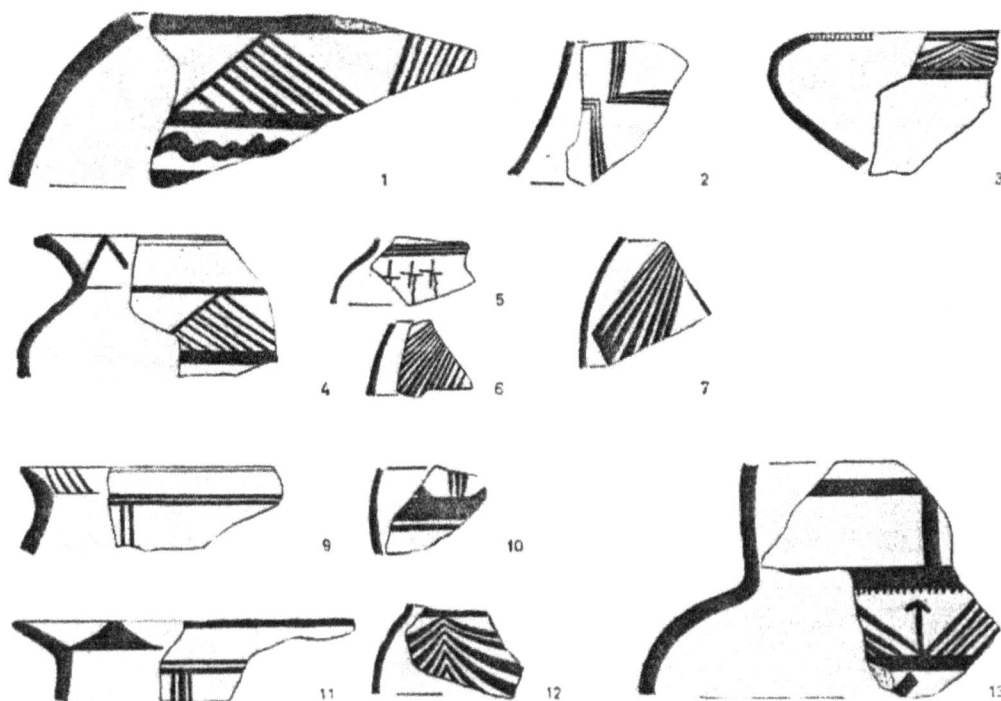

- 1 -

San Marzano sul Sarno

- 1 -

- 2 -

Pontecagnano

- 1 -

Taranto

- 1 -

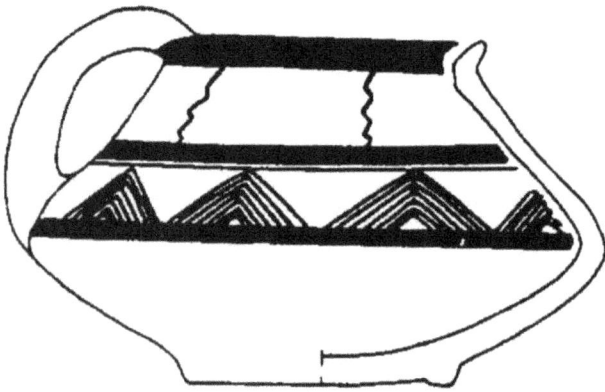

- 2 -

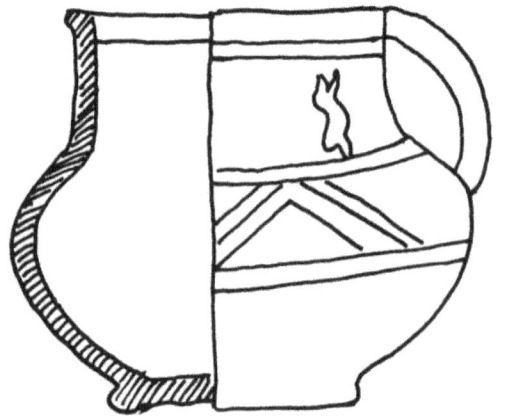

- 3 -

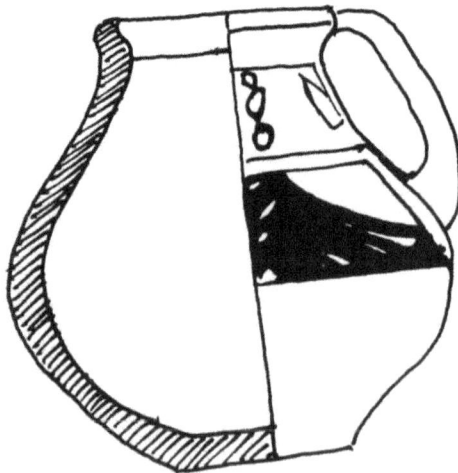

- 4 -

Gioia del Colle

- 1 -

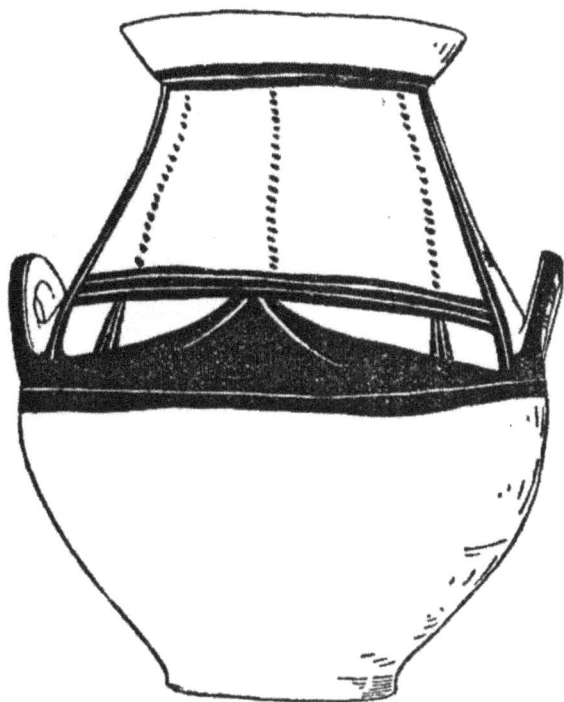

- 2 -

- 3 -

- 1 -

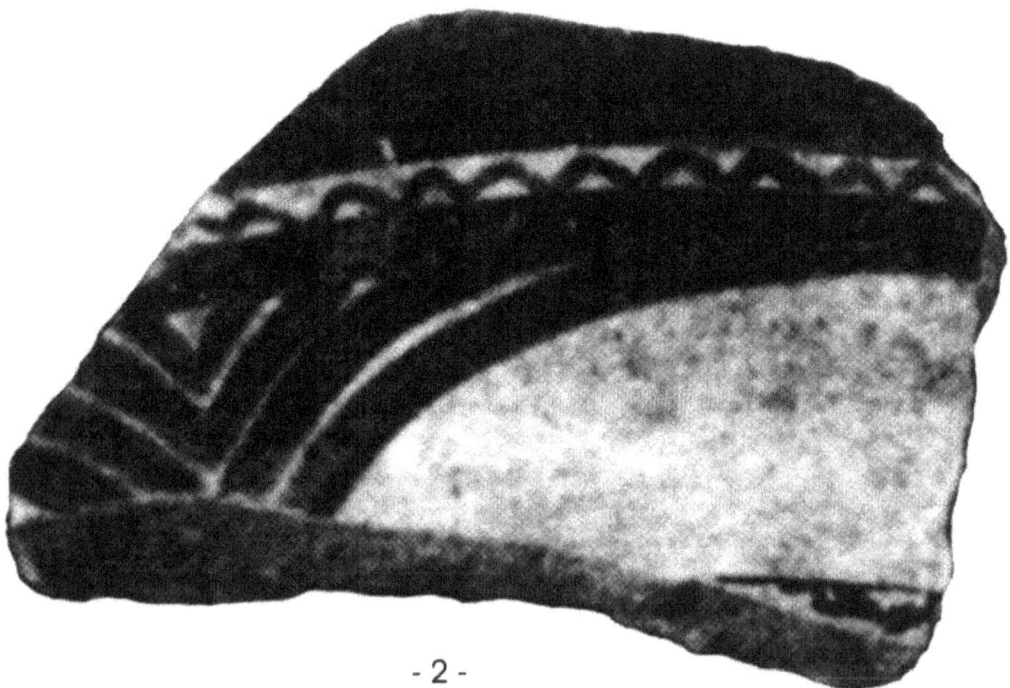

- 2 -

Salapia

- 1 -

- 2 -

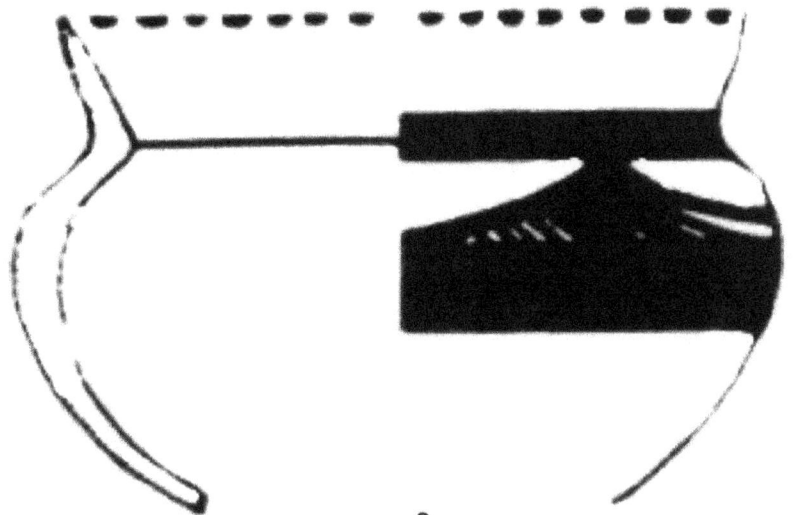

- 3 -

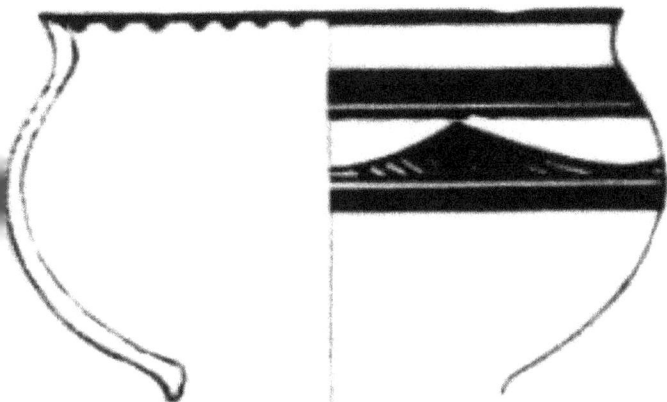

- 4 -

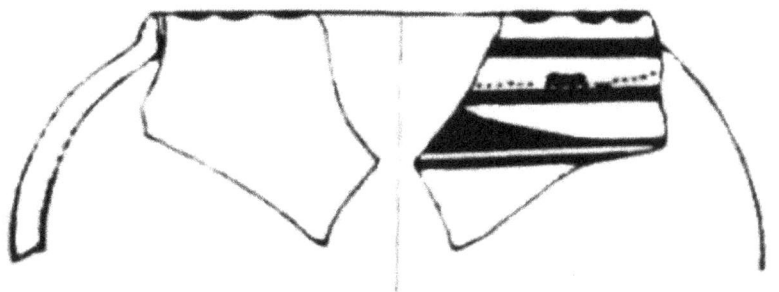

- 5 -

Otranto

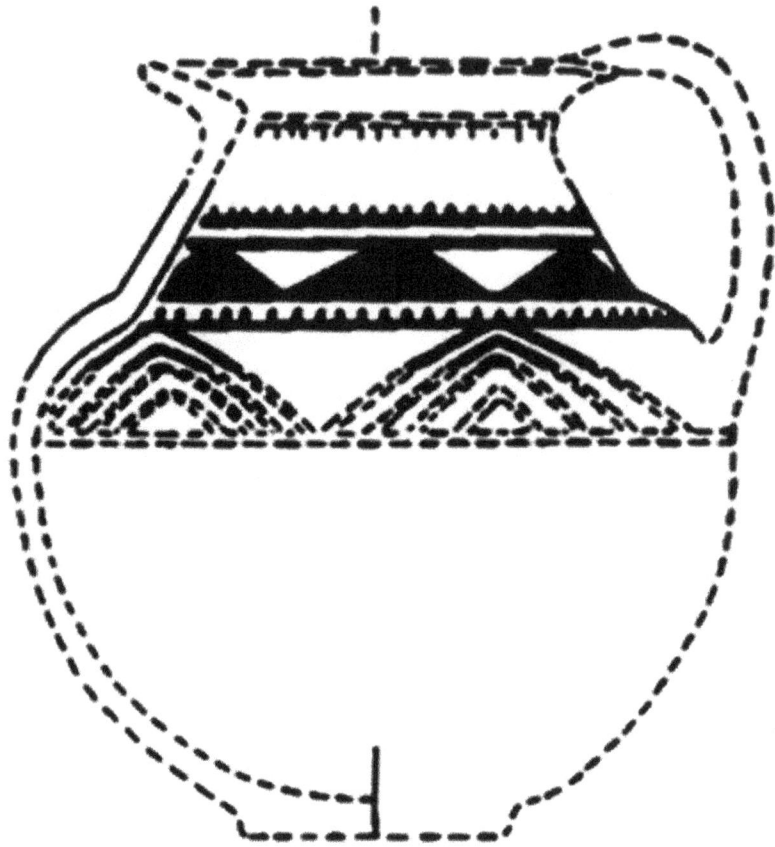

- 1 -

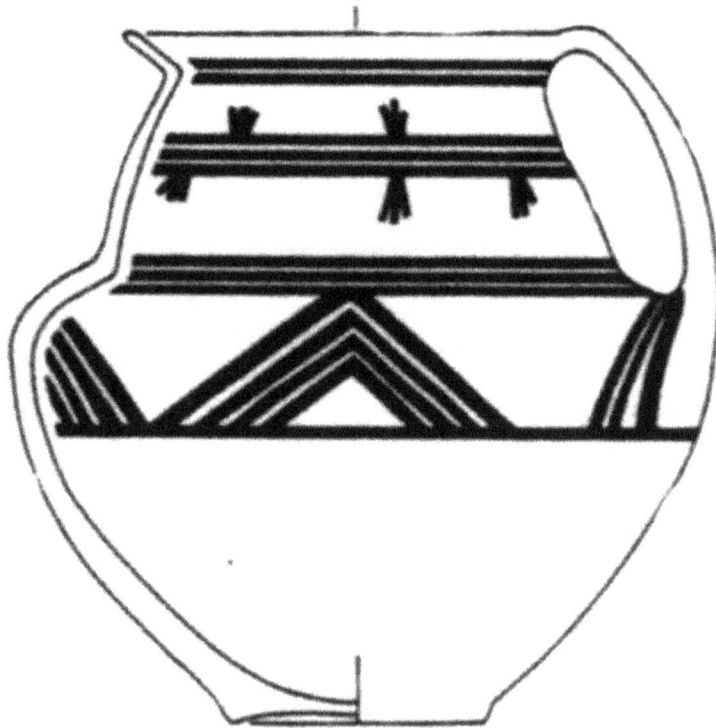

- 2 -

-1-

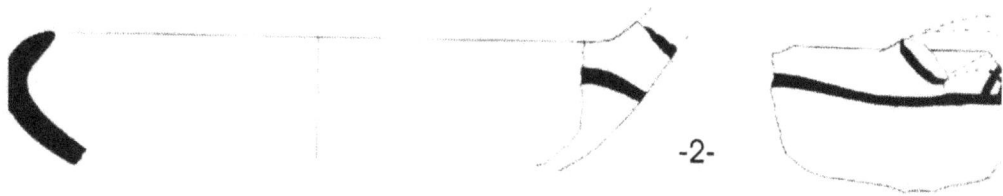

-2-

-3-

-4-

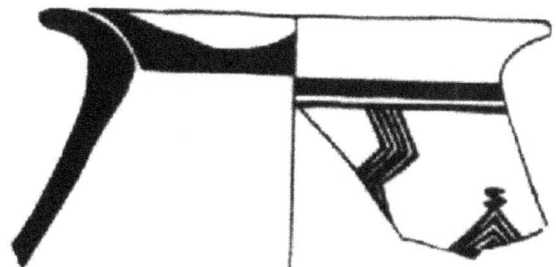

-5-

Gravina

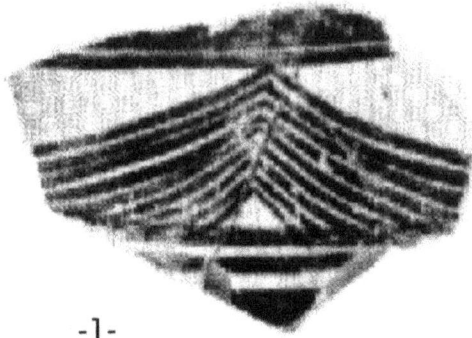

-1-

-3-

-2-

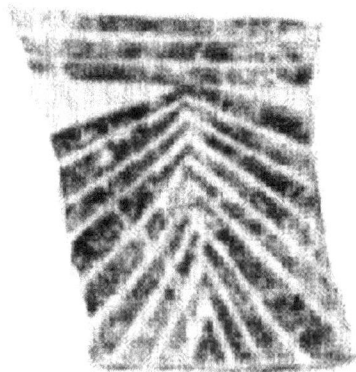

-4-

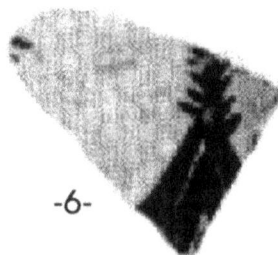

-6-

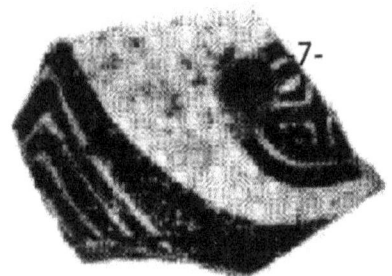

Gravina

-1-

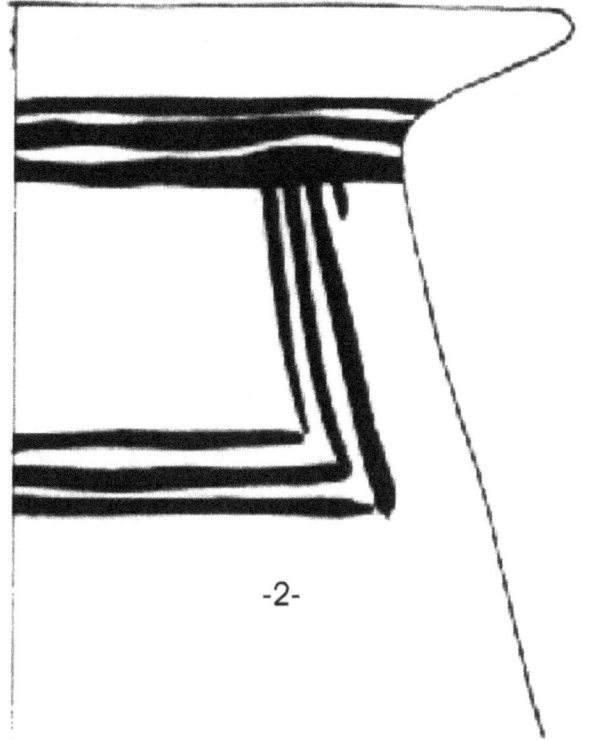

-2-

-3-

Monte Saraceno

-1-

-2-

-3-

Monte Saraceno

-1-

-2-

Francavilla Marittima

_T. 40

- 1 -

Tarquinia

- 1 -

Vulci

- 1 -

Tipologie delle forme

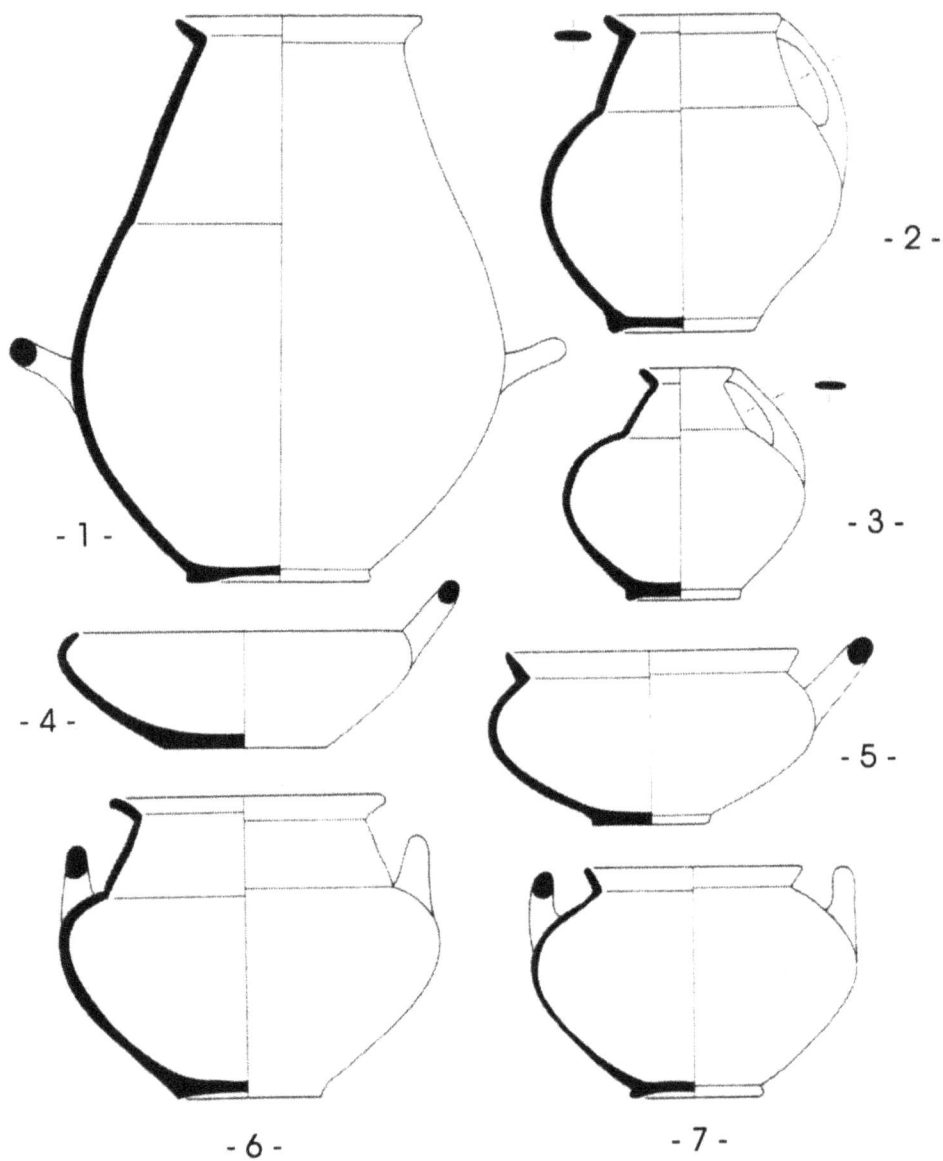

- 1 -

- 2 -

- 3 -

- 4 -

- 5 -

- 6 -

- 7 -

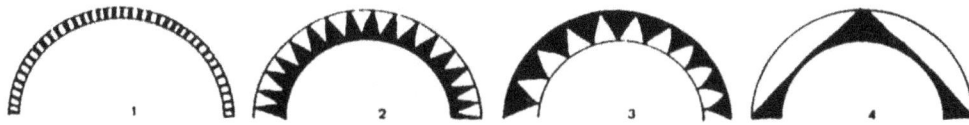

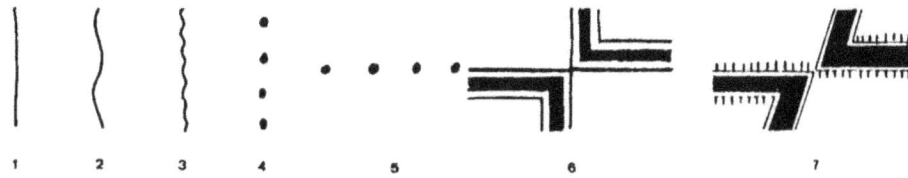

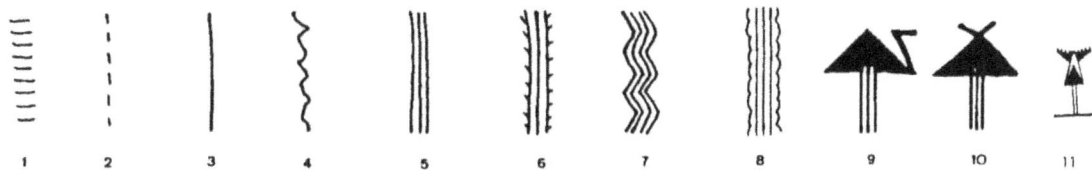

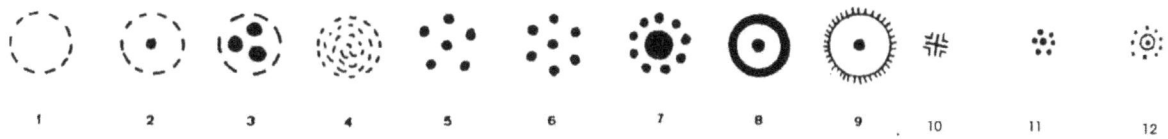

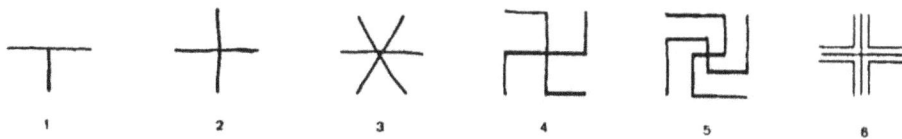

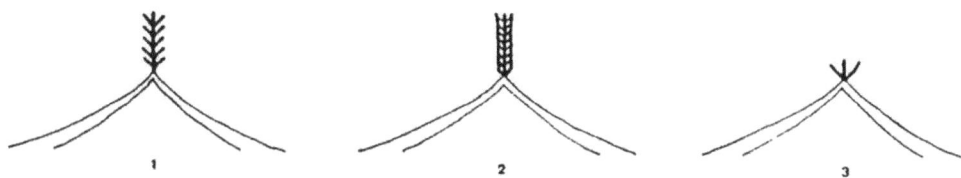

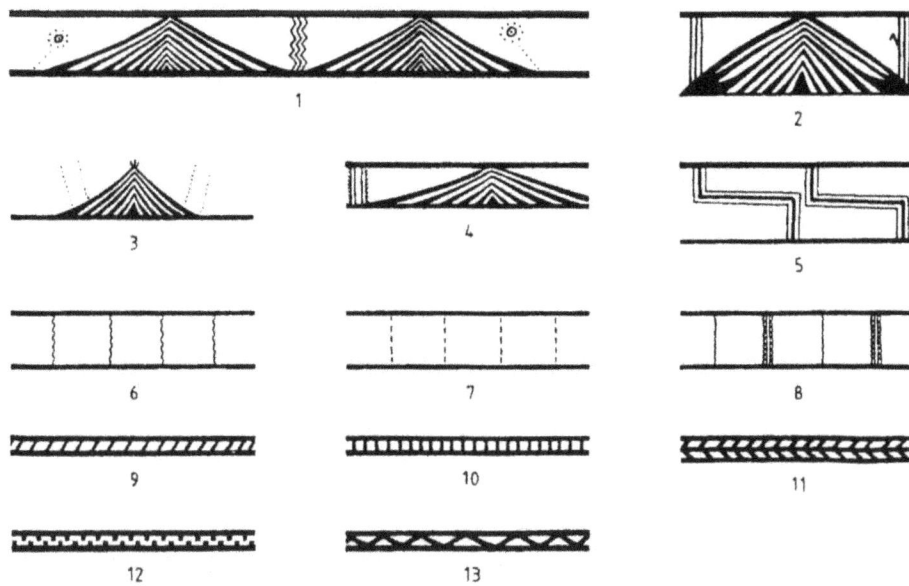

Canhasan (Turchia)

www.ingramcontent.com/pod-product-compliance
Lightning Source LLC
Chambersburg PA
CBHW061301270326
41932CB00029B/3424